让青少年受益终身的智慧游戏

荣获天津首届优秀科普作品奖

过目忘不掉

开拓记忆力的思维游戏

盛文林◎编著

认识 了解 假设 实践

激发潜能的智力游戏

唤醒大脑中沉睡的细胞

天津出版传媒集团

天津科学技术出版社

图书在版编目（CIP）数据

过目忘不掉：开拓记忆力的思维游戏 / 盛文林编著
—天津：天津科学技术出版社，2011.5（2020.6 重印）
（让青少年受益终身的智慧游戏）

ISBN 978-7-5308-6317-6

I. ①过… Ⅱ. ①盛… Ⅲ. ①智力游戏—青年读物②智力游戏—少年读物
Ⅳ. ① G898.2

中国版本图书馆 CIP 数据核字（2011）第 062368 号

过目忘不掉：开拓记忆力的思维游戏

GUO MU WANG BU DIAO : KAI TUO JI YI LI DE SI WEI YOU XI

责任编辑：郑 新

出 版：天津出版传媒集团
天津科学技术出版社

地 址：天津市西康路 35 号

邮 编：300051

电 话：（022）23332674

网 址：www. tjkjcbs. com. cn

发 行：新华书店经销

印 刷：三河市兴国印务有限公司印刷

开本 710×1000 1/16 印张 12 字数 200 000

2020 年 6 月第 1 版第 2 次印刷

定价：36.00 元

前言

QIANYAN

英国人多米尼克·奥布莱恩是 8 次世界记忆大赛冠军，他可以用 38 秒记住一副扑克牌的顺序，用 30 分钟记住 2385 个随机产生的数字，用 1 个小时记住元素周期表上 110 种元素的原子序数、元素符号、元素类别和精确到 4 位小数的原子量……他因为记性太好而被各国的赌场拒之门外，不仅英国所有的赌场都不欢迎他，就算在法国、捷克、美国等国的赌场，也都盯上了他，不让他入场。

我们都希望拥有像奥布莱恩一样神奇的记忆力，基于这个向往，我们不禁要问，奥布莱恩神奇的记忆力到底来源于哪里？是天生禀赋，还是后天造就？答案是后者。奥布莱恩神奇的记忆力来源于后天的有针对性的训练。现代科学研究业已证明，在众多的锻炼记忆力的方法中，思维游戏独树一帜，是一种极好的拓展、深化记忆力的方法。

这本《过目忘不掉：开拓记忆力的思维游戏》从开拓青少年记忆力的角度出发，对每一类游戏进行了精心的选择和设计，每个游戏都极具代表性和独创性，内容丰富，难易有度，形式活泼。在游戏的过程中，你需要仔细观察，认真分析，把握题目中的每一个线索和提示，需要将多个线索在头脑中存储整合，找到解决问题的突破口，还需要进行丰富的联想，找出问题与答案之间的关联，从而才能得出正确的结论。

本书共分九部分，分别为：理解记忆法、图像记忆法、观察记忆法、联想记忆法、谐音记忆法、比较记忆法、归纳记忆法、推导记忆法、歌诀记忆法。

让我们在游戏中不断拓展自己的记忆力，使自己的记忆力一步步增强，最终跻身于记忆力顶尖高手之列。

目录

CONTONTS

第三部分　观察记忆法

第四部分 联想记忆法

第五部分 谐音记忆法

第六部分 比较记忆法

第七部分 归纳记忆法

第八部分 推导记忆法

第一部分

理解记忆法

理解是良好记忆的基础，通过理解开拓、加深记忆是行之有效的方法。

进行理解记忆时，要注意：第一，认真分析识记材料，努力弄清其内容实质。第二，把所学知识付诸实践，在运用中加深理解。在实践过程中，不可避免地会碰到一些意外的问题，需要自己动脑分析理解，这样会使记忆得到拓展和深化。

复写名字

在两张纸的中间夹上一张单面复写纸，然后，想象把这叠纸上下对折，将下半部折向后面。如果你在第一张纸的上半部分写下你的名字，那么，你的名字将会复写出几份？它们会在哪里出现（正面、反面；上部、下部；第一张、第二张）？是朝什么方向的？你能否不用图解，而靠思考来解这道题？

拓展系数：★★★☆☆

调查驳论

国家有关部门联合部分高等院校做过一次调查，结果表明，大学生中喜欢京剧艺术的人只占被调查人数的14%。

下列陈述中，哪一个最能削弱上述观点？

A. 大学生很少接受京剧艺术欣赏方面的指导，不懂得如何欣赏。

B. 喜欢京剧艺术与学习中国传统文化不是一回事，不能以偏概全。

C. 14%的比例正说明加强大学生对传统文化的学习很有必要。

D. 有一些大学生既喜欢京剧，又对中国传统文化的其他方面有兴趣。

E. 调查的比例太小，不能反映当代大学生的真实情况。

拓展系数：★★★★☆

木板上升

如图所示，如果这个男孩使劲拉绳子，他能否把自己和他所站的木板都拉起来？

拓展系数：★★★☆☆

天平平衡

如图所示，请问有多少种方法可以将这 5 个重物放在天平上，并且保证天平处于平衡状态？

记住：一个重物离天平的支点越远，它对天平施加的力就越大。因此在图中标号 2 处的重物对天平施加的力是图中标号 1 处的 2 倍。

如果将这 5 个重物随机地放在天平上，天平正好保持平衡的概率是多少？

拓展系数：★★★☆☆

看图搭桥

如何才能搭出如下图所示的桥呢？

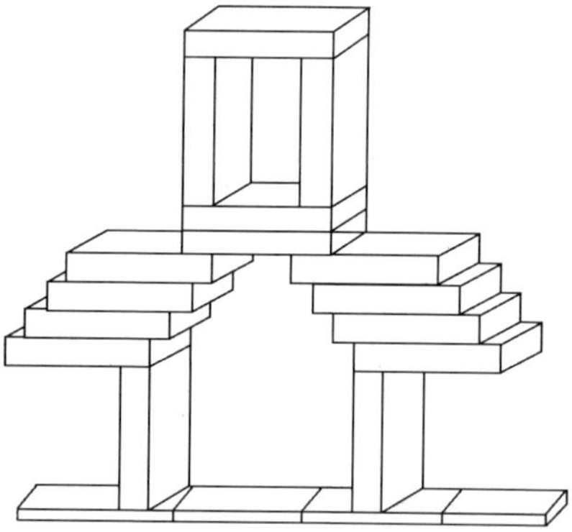

拓展系数：★★★☆☆

运动曲线

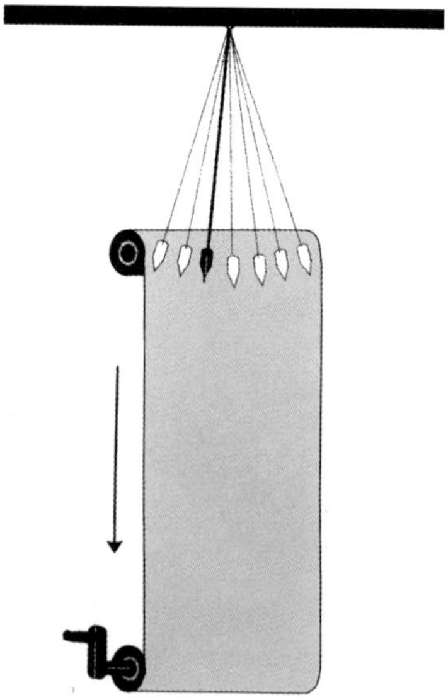

如图所示，在一个摆锤上安装一支笔，使其在摆动过程中在前进的纸上画出它的运动轨迹。最终我们将会得到一条曲线。

你能够在结果出来之前就说出这条曲线是什么样子的吗？

拓展系数：★★★☆☆

摆的共振

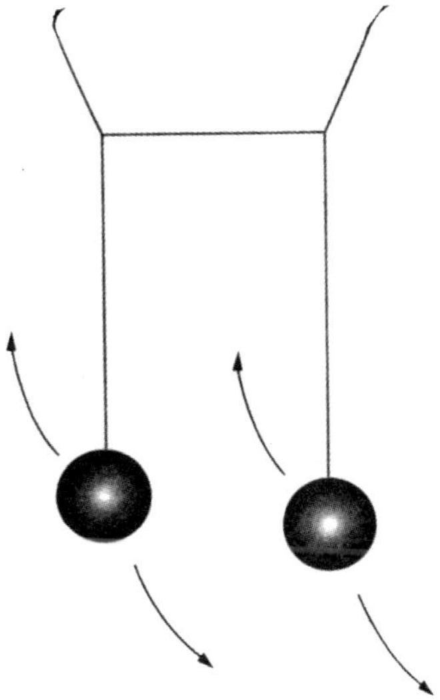

两个摆可以有很多种不同的组合方式，最简单的方法就是把它们用绳子挂起来，如图所示。

你可以用一支铅笔和两颗珠子来制作这个装置。分别用绳子将两个“摆锤”系在起连接作用的绳子上，这样它们摆动的时候就正好与这根绳子垂直。

如果你用手拉动其中一颗珠子让其运动起来，那么这个装置会发生什么变化？

拓展系数：★★★☆☆

倒三角形

如图所示，每 1 块积木上面有 2 块积木。

问这样的结构可以搭多高都不倒塌？

拓展系数：★★☆☆☆

虹吸现象

在图 1 所示的一个密封的模型中，液体被储存在最下面的空厢里。请问如果把整个模型倒过来，如图 2 所示，会出现什么样的情况？

图 1

图 2

拓展系数：★★★☆☆

液体天平

图 1：天平是平衡的。天平左端的盘子上是一个装满水的容器，右端是一个重物。

图 2：重物从天平的右端移到左端，而且该重物完全浸入容器中的水里面。

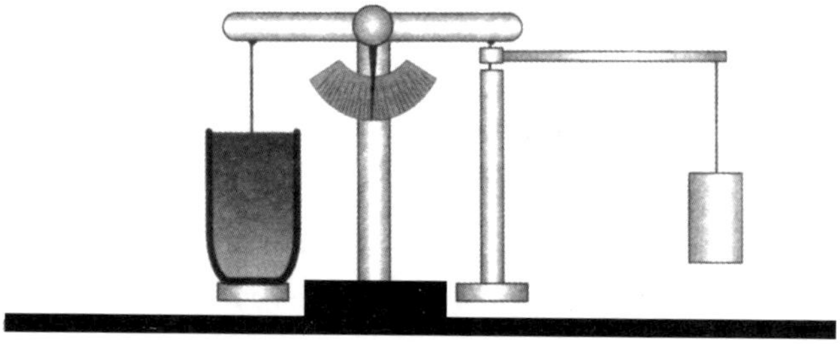

图 1

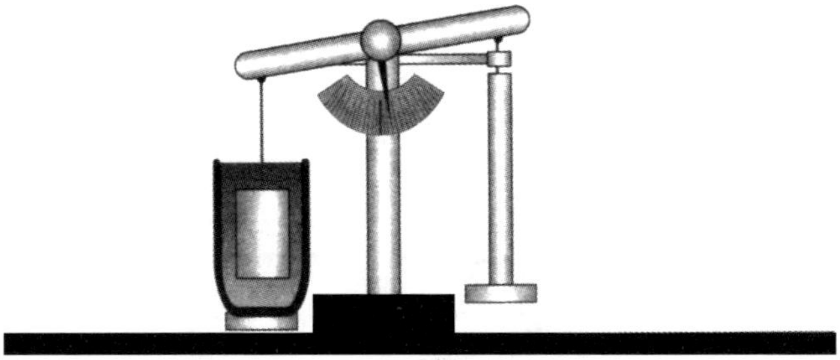

图 2

很明显现在左端要比右端重。

请问：为了继续保持天平的平衡，现在天平的右端应该放上多重的物体？

拓展系数：★★★★☆

倾斜感应

如图所示，和图一样在纸上用直尺和笔画线条，然后仔细观察，发现竖直的线条是倾斜的。可是刚才自己明明是用直尺对着画的，请解释一下这空间是怎么回事。

拓展系数：★★★☆☆

姆潘巴现象

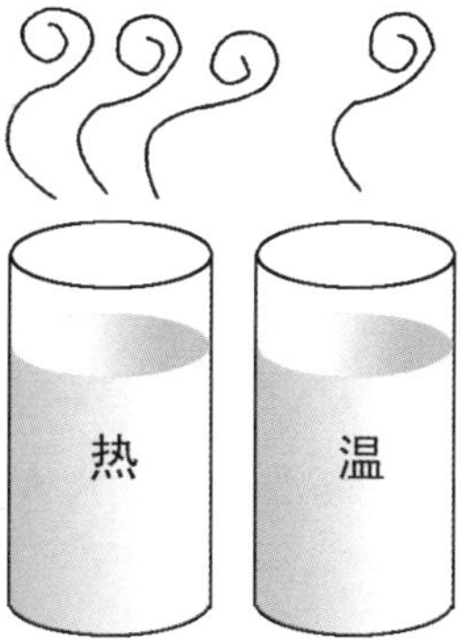

在同样的条件下，把两杯不同温度的牛奶放到同一个冰箱里，温度高的一杯与温度低的一杯哪个冷得快？

拓展系数：★★☆☆☆

曲面镜现象

如图所示，男孩看左边的凸面镜发现自己是上下颠倒的。然后将镜子翻转 90°。这时候男孩看到的自己是什么样子的呢？

拓展系数：★★★☆☆

非市场效果

市场效果是指在一定的市场结构下，通过一定的市场行为使某一产业在价格、产量、费用、利润、产品质量和品种以及在技术进步等方面所达到的某种状况。请你根据定义判断下列不属于市场效果的一项是：

A. 产业的利润是否合理

B. 消费者个人口味如何

C. 在销售费用及产品改型上是否存在浪费

D. 产业生产能力的扩大是否与市场需求的增长相适应

拓展系数：★★★☆☆

特设性修改

特设性修改是指为了使某个科学理论免遭被否定的危险，对该理论进行修改或者增加一些新的假定，使该理论不具有可证性或者可检验性。由此可以判断下列属于特设性修改的是：

A. 托勒密体系的学者为了使“地心说”符合观察到的天体运行数据，不断增加本轮的数目。到16世纪，托勒密体系的本轮总数一直增加到80个。

B. 亚里士多德的信徒为了坚持一切天体都是完美球体的学说，提出月球上存在的不可检测的物质充满了凹处，使得月球仍然保持完美球体形状。

C. 爱因斯坦为了研究特别大和特别快的物体，修改了牛顿的绝对时空体系，提出了相对时空体系，其中包括光速不变论和质量可变论。

D. 黎曼等通过修改欧氏几何的第五条公理，创造出了非欧几何学，把数学向前推进了一大步。

拓展系数：★★★★☆

往下飘的烟

往下飘的烟，相信很多人都没见过，那就快来做一做！

1. 在鞋盒的盖上剪两个比玻璃罩直径略小的洞。

2. 将两个灯罩分别扣在刚剪开的小洞上方。蜡烛放在鞋盒中的其中一个玻璃罩的正下方。

3. 点燃蜡烛，盖上盒盖（注意别让蜡烛把纸盒给烧着了）。

4. 用火柴把牛皮纸点燃，把冒着烟的牛皮纸拿到右边灯罩的上方。很快，你就看到烟往下飘——燃着的牛皮纸冒出的烟从这个玻璃罩进入盒内，又从另一个灯罩中重新飘了出来。

拓展系数：★★★☆☆

烧不坏的手巾

我们知道手巾是用布做成的，一旦遇火，就会被烧坏。可是却有一个办法可以使手巾不会烧坏。说说是怎么回事？

1. 用手巾把硬币紧紧地包起。

2. 点燃香，使其接触包裹着硬币的手巾位置，发现手巾没有烧着。

3. 将硬币取出，直接用香接触手巾，发现手巾被烧着。

拓展系数：★★★☆☆

上升的绳梯

一艘从港口驶入纽约湾的豪华巨轮，在途中撞到了岸边的石头，船身受到了损坏，需要及时进行修理。一个绳梯从甲板放下，一直到达水面。绳梯的各条横档之间相距 30 厘米。当海水落潮时，水面上的绳梯一共有 50 条横档。纽约港的水位每小时会上升 15 厘米。那么，你能计算出 6 个小时后当海水处于高潮时水面上的横档的个数吗？

拓展系数：★★★☆☆

瓢虫的位置

一共有 19 个不同大小的瓢虫，其中 17 个瓢虫分别放入了上面的图形中，每个瓢虫均在不同的空间里。

现在要求你改变一下上面图形的摆放方式，使整个图形中多出两个空间，从而能够把 19 个瓢虫全部都放进去，并且每个瓢虫都在不同的空间里。

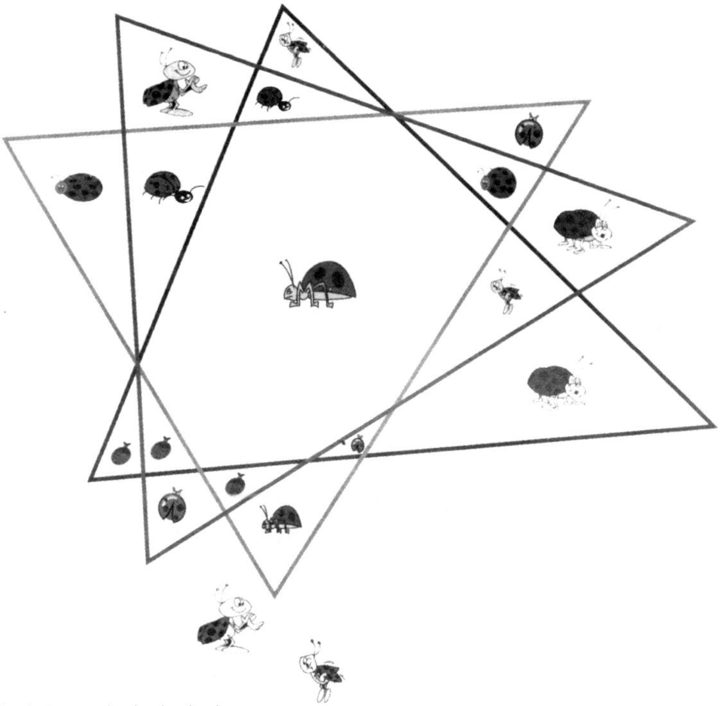

拓展系数：★★★★☆

肥皂环的样子

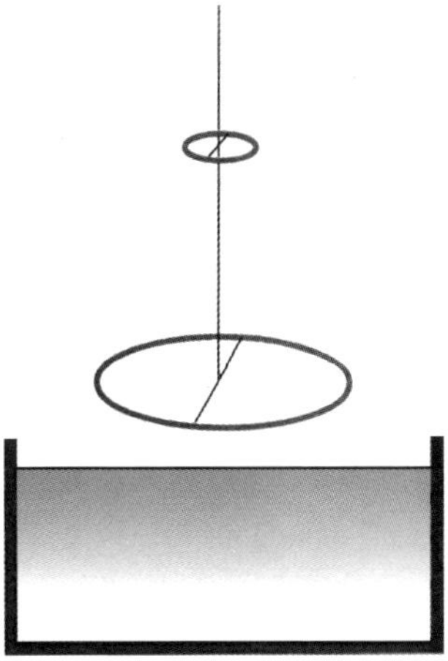

如图所示，一根垂直的铁丝上绑了两个相互平行的铁丝环。

请问：如果将这个结构放进肥皂水中，附着在这个结构上的肥皂膜的最小表面积的表面是什么样子的？

拓展系数：★★★☆☆

魔幻九宫图

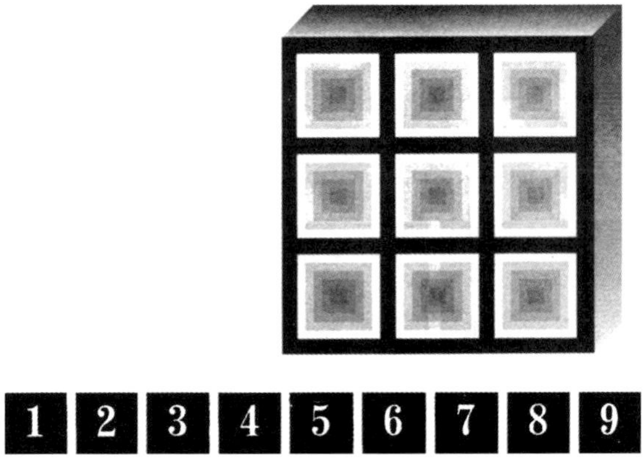

将编号从 1 到 9 的棋子按一定的方式填入图中的 9 个小格中，使得每一行、列以及两条对角线上的和都分别相等。

拓展系数：★★★☆☆

旋转的螺旋

在 19 世纪初，罗伯特·亚当斯有过这样的经历：当他盯着瀑布看了几秒钟之后，再看周围的物体，所有的物体看上去都在离他远去。

同样的效果可以通过盯着一个旋转的螺旋达到，如下图所示。

根据螺旋旋转方向的不同，螺旋会出现看上去在远离你或者是靠近你两种现象。盯着旋转的螺旋的中心 30 秒，再看下图的船。

你会看到什么现象？

拓展系数：★★★☆☆

神奇的镜子

镜子可以在科学、魔术以及日常生活中创造不可思议的奇迹。

伟大的希腊数学家阿基米德富于想象力地将镜子用于许多创造发明中。根据古代著作，他最杰出的功绩就是在公元前 214 年罗马舰队围攻西西里岛城市叙拉古时，他用镜子将太阳光集中反射到罗马船只上并使其着火。

我们可能永远都无法得知阿基米德是否成功地用镜子保卫叙拉古免受侵略。但是，他有可能办到这件事吗？

拓展系数：★★★☆☆

猴子和香蕉

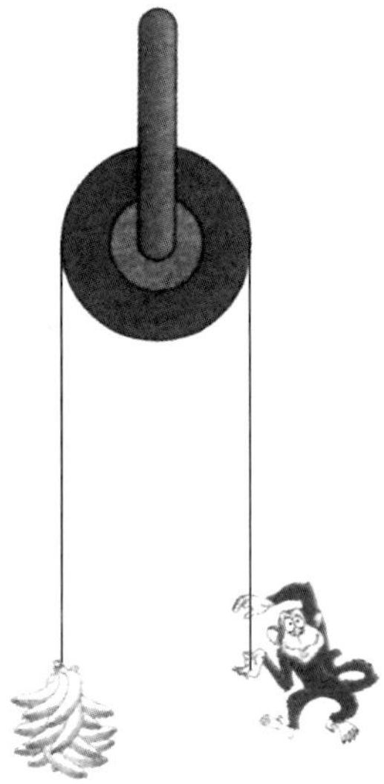

如图所示，猴子和绳子另一端的香蕉处于平衡状态。

如果这只猴子现在开始沿着绳子往上爬，左边的香蕉将会怎样移动？

拓展系数：★★★☆☆

落水的铅球

如下图所示，水池的边上有一个铅球，这个铅球有可能直接掉到水池里，也有可能掉到水池中的汽船里。

问：铅球分别掉到水池里和掉到汽船里，哪一种情况下水池的水面上升得更高一些？

拓展系数：★★☆☆☆

圣诞节风铃

这个风铃重 144 克（假设绳子和棒子的重量为 0）。

你能计算出每一个装饰物的重量吗？

拓展系数：★★☆☆☆

投弹线轨迹

轰炸机在没有大风的天气里投弹时，下面哪一个投弹线轨迹是正确的？

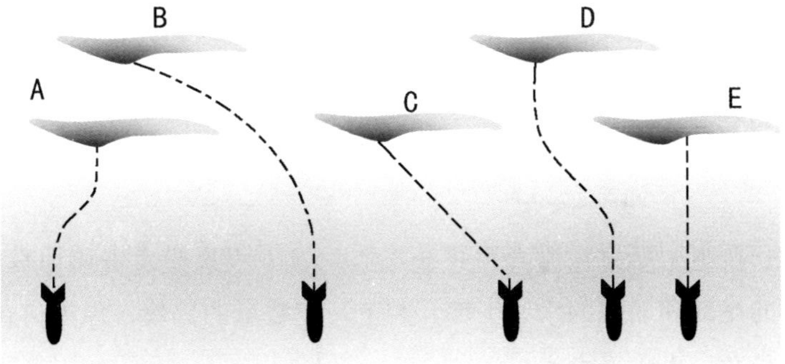

拓展系数：★★☆☆☆

最牢固的门

下面 A、B、C、D 四扇木制门框中，哪一扇门的门框结构最牢固？为什么呢？

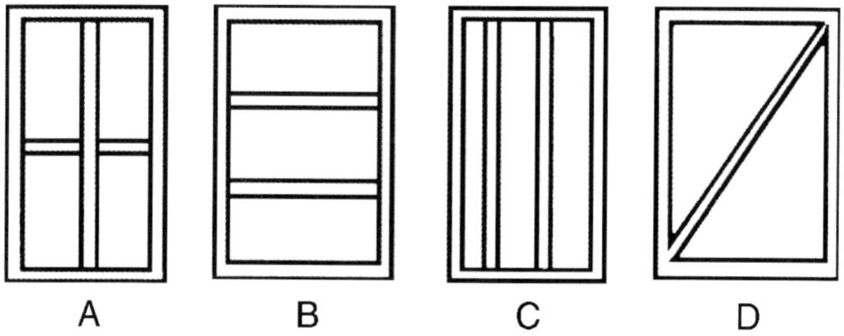

拓展系数：★★☆☆☆

药水的挥发

一种挥发性药水，原来有一整瓶，在第二天变为原来的一半，在第三天变为第二天的三分之二，在第四天变为第三天的四分之三。

请问：药水到第几天时还剩下三十分之一瓶？

A. 第五天　　B. 第十二天　　C. 第三十天　　D. 第一百天

拓展系数：★★★☆☆

锌块的作用

轮船在海水中航行，船壳很容易生锈。为了防止船壳生锈而被腐蚀，往往在轮船的尾部和船壳的水线下部，装上一定数量的锌块。原因何在？

提升指数：★★☆☆☆

拓展系数：★★☆☆☆

自动闭合的门

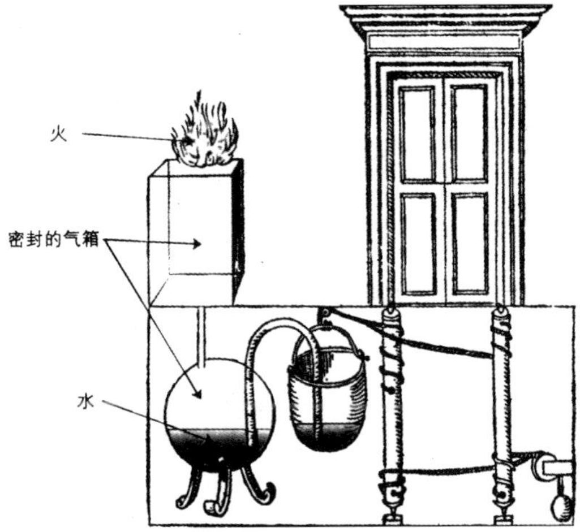

亚历山大城的希罗（公元前 10～公元 70 年）的机械发明堪称是古代最天才的发明。

上图的这个开门装置是他所设计的很多种玩具和自动装置的典型代表，最初是用于宗教目的。这个设计图复制于希罗的原图，它是一个使神殿大门能够自动开合的神奇装置。

你能说出这个装置的工作原理吗？

拓展系数：★★★☆☆

反重力圆锥

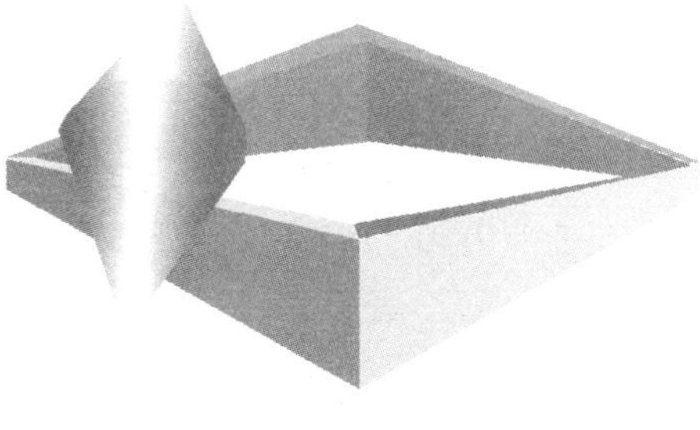

有物体可以违反万有引力吗？

伽利略设计了许多天才的机械的实验发明，它们当中最简单的一种如图所示。

你能设想出，当你把这两个圆锥的组合体放在这个轨道的最低处，然后放开它们，会发生什么吗？

拓展系数：★★★★☆

掷 100 次硬币

掷 1 枚硬币 100 次，全部都为正面的概率是多少？正面和反面交替出现的概率呢？

前 50 次连续出现正面、后 50 次连续出现反面的概率是多少？

以及出现上面任意一种情况的概率是多少？

拓展系数：★★★★☆

答案及提示

复写名字

出现两份复写的名字，一个在上半张，另一个在下半张，为倒置的反写字。

调查驳论

B。题干是根据“大学生是否喜欢京剧”的调查，得出“大学生普遍缺乏中国传统文化的学习和积累”这一论断，犯了“以偏概全”的错误。

选项 A 仅对大学生不喜欢京剧做了解释，对题干观点不置可否；选项 B 指出了“京剧艺术”与“中国传统文化”的区别，不能以不喜欢京剧之“偏”，就概括出大学生对中国传统文化的态度之“全”；选项 C 实际上是赞同题干的观点；选项 D 的反驳力度不够；选项 E 对调查方法提出质疑，怀疑调查的比例太小，削弱了题干的观点，但也不能够完全否定题干的观点。所以，正确选项是 B。

木板上升

理论上是可以的，尽管操作起来会非常困难。如果这个男孩对绳子施加的力等于他的体重加上木板的重量，他就可以把自己拉起来。但是在这种情况下他还必须努力保持平衡。

天平平衡

一共有 6 种平衡的情况：如图所示的 3 种，再加上它们分别反过来摆放。

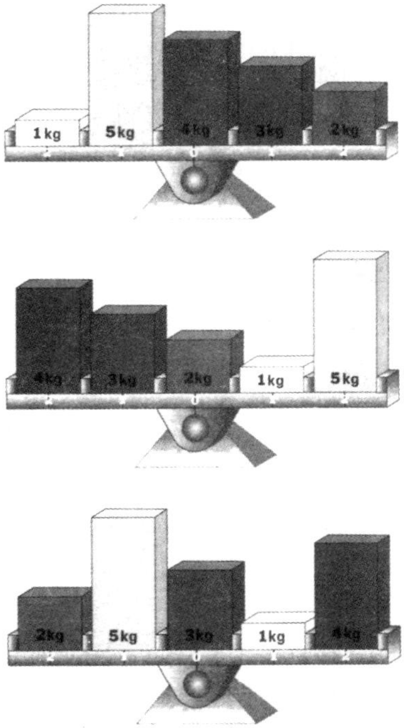

随机摆放就能达到平衡的概率

是 6/120＝1/20。

看图搭桥

乍一看，这种结构的桥好像是搭不出来的，因为还没搭几块，桥就会因为重心不稳而倒塌。可是，如果找到正确的思路，搭这座桥将是轻而易举的事情。

关键在于桥墩与桥面之间的搭建。一开始可以多放两块积木做桥墩。当搭了足够多的积木后，桥的构架也就稳定了，这时再把多余的桥墩取走。

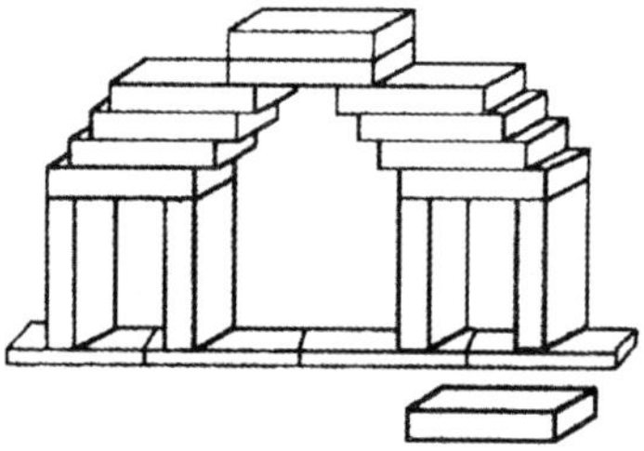

运动曲线

笔画出来的运动轨迹是一条正弦曲线，如图所示。

这种运动被称为阻尼运动，这是因为在摩擦力的作用下振动最终停止，而且其运动轨迹成为一条直线。

理想的状态（即没有摩擦力的情况）被称为简谐运动。简谐运动是自然界中最常见的运动类型之一，比如池塘的水波、收音机的波等。

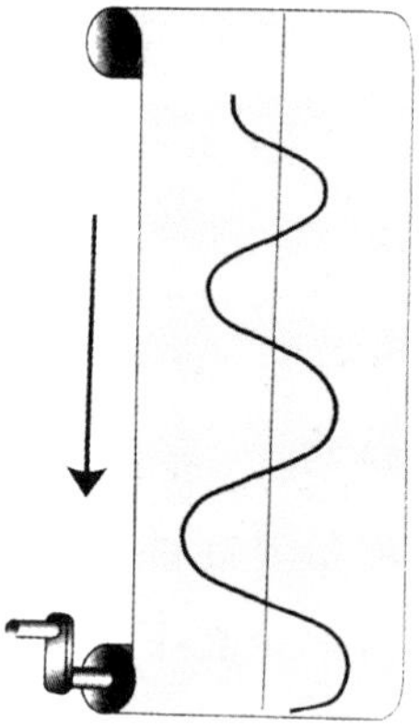

摆的共振

在这个装置中，通过起连接作用的绳子使这两个摆锤的运动相互作用。当其中一个摆锤开始振动时，这种振动转移到起连接作用的绳子上，然后再转移到另一个摆锤上。第一个摆锤的能量逐渐转移到另一个摆锤上，然后再转移回来。

倒三角形

从结构理论上讲，你想搭多高都可以。当你将一块积木放在另一块积木上时，只要它的重心在比它低的积木上面，就不会倒。

如果所有的积木都摆放得非常完美，那么整个结构会非常平稳（当然，在实际操作中，即使是很小的误差也会导致积木全部倒塌）。

虹吸现象

这个模型展示的是间歇虹吸

原理。

将这个模型倒过来，水首先会慢慢地流到中间的空厢，直到水位到达弯管的顶部，这时马上就会出现虹吸现象，迅速将中间空厢里的水抽干。这个过程将会不断重复，直到上面空厢里的水被完全抽干。

为什么会出现这样的现象呢？

虹吸管长的一端的水的重量要大，引起水从上面的空厢流出，直到上面的空厢被抽空。

虹吸现象之所以发生，最根本的一点是出水口要比入水口低。

如果把这个模型再次倒过来，虹吸现象就会再次出现。

液体天平

我们知道，浸在水里的物体的浮力等于它所排出的水的重量。

你可能认为结果应该是在天平右端原来的重物基础上再加上与左端容器里重物承受的浮力相等的重量，然而真的是这么简单吗？

根据牛顿第三定律，作用力与反作用力相等。那么容器里的水对重物的浮力就等于重物对水的反作用力。因此，天平右端的重量减少时，天平左端的重量相应增加。所以要达到平衡，天平右端需要加上2w的重量，w等于重物在左端容器里排出的水的重量。

倾斜感应

这是著名的倾斜感应。尽管竖直的线条看起来有点朝外倾斜，但它确实没有倾斜。倾斜会引起我们方向感的错觉，使倾斜的效果变得更强烈。

姆潘巴现象

温度高的一杯牛奶冷得快。这是姆潘巴现象。冷却的快慢不是由液体的平均温度决定的，而是由液体上表面与底部的温度差决定的，热牛奶急剧冷却时，这种温度差较大，而且在整个冻结前的降温过程中，热牛奶的温度差一直大于冷牛奶的温度差。上表面的温度愈高，从上表面散发的热量就愈多，因而降温就愈快。

曲面镜现象

男孩看到的自己是右边凸起。

非市场效果

答案为B。

特设性修改

答案为B。

往下飘的烟

原来，蜡烛点燃以后把它上面

的空气加热，使得这些空气上升并从灯罩里升出来。但是，燃烧的蜡烛必须得到空气的补充，所以空气就只能从另一个灯罩的入口处进入。空气进入灯罩的力量是足以把牛皮纸冒出的烟吸进去的，所以，我们就看到了烟往下冒的“反常”现象。

烧不坏的手巾

这是采用转移热量的原理来完成的。包裹着硬币的手巾受热时，部分热量会传导到硬币里，将燃点的热量分散了，因此不容易烧起来。而没有包裹着硬币的手巾，热量没法传送，因此容易被燃烧。

上升的绳梯

因为船会随着潮水而上下浮动，所以潮水涨至最高点时水面上仍有50条横档。

瓢虫的位置

如图，19个瓢虫分别在不同的空间内。

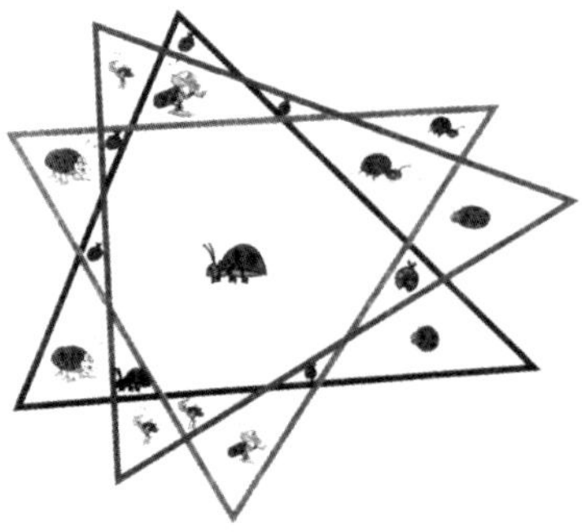

一般情况下，3个三角形相交，最多只能形成19个独立的空间。

这一点很容易证明。两个三角形相交，最多能够形成7个独立的空间，而第3个三角形的每一条边最多能够与4条直线相交，因此它能够与前两个三角形再形成12个新的空间，加起来就是19个空间。

肥皂环的样子

如图所示，这个曲面被称为悬链曲面。

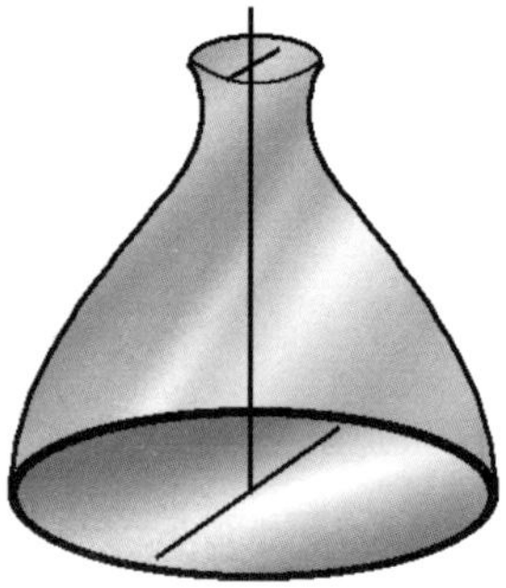

魔幻九宫图

2	9	4
7	5	3
6	1	8

九宫图中的9个数字相加之和为45。

因为方块中的3行（或列）都分别包括数字1到9当中的1个，

将这 9 个数字相加之和除以 3 便得到“魔数”——15。

总的来说，任何 n 阶魔方的“魔数”都可以很容易用这个公式求出：

$$\frac{n^3+2}{2}$$

和为 15 的三数组合有 8 种可能性：

9＋5＋19＋4＋28＋6＋18＋5＋2

8＋4＋37＋6＋27＋5＋36＋5＋4

方块中心的数字必须出现在这些可能组合中的 4 组。5 是唯一在 4 组三数组合中都出现的。因此它必然是中心数字。

9 只出现于两个三数组合中。因此它必须处在边上的中心，这样我们就得到完整的一行：9＋5＋1。

3 和 7 也是只出现在 2 个三数组合中。剩余的 4 个数字只能有一种填法。

旋转的螺旋

当你看运动的物体时，你的眼睛和大脑都已经习惯了，而当你再看静止的物体时，你的眼睛看到的是相反方向的运动。

这个错觉通常被称为瀑布错觉。

如果你盯着旋转的螺旋看一段时间，再看静止的船时，它看上去像是在朝靠近你或者远离你的方向移动，这取决于你旋转螺旋的方向。

神奇的镜子

尽管许多科学家和历史学家都对这个故事着迷，但是他们都判定这是个不可能完成的功绩。不过有几个科学家曾试图证明阿基米德的确能使罗马船舰突然冒出火苗。这些科学家的假设是，阿基米德用的肯定不是巨型镜子，而是用非常多的小反射物制造出一面大镜子的效果，这些小反射物可能是磨得非常光亮的金属片（也许是叙拉古战士的盾牌）。

阿基米德所做的是不是仅仅让他的士兵们排成一行，命令他们将太阳光聚焦到罗马船只上呢？

1747 年，法国物理学家布丰做了一个实验。他用 168 面普通的长方形平面镜成功地将 330 米以外的木头点燃。似乎阿基米德也能做到这一点，因为罗马船队在叙拉古港湾里距离岸边肯定不会超过大约 65 米。

1973 年，一位希腊工程师重复了类似的实验。他用 70 面镜子将太阳光聚集到离岸 260 米的一艘划艇上。镜子准确瞄准目标后的几秒钟内，这艘划艇开始燃烧。为了使这个实验成功，这些镜子的镜面必须是凹的，而阿基米德很有可能用的就是这种镜子。

猴子和香蕉

如下图所示，无论猴子怎样往上爬，它跟香蕉总是保持平衡状态。

图1　　图2

落水的铅球

如果球直接掉进水池里，它排出的水池里的水量等于它本身的体积。

如果球落到船上，那么它排出的水量等于它自身的重量（根据阿基米德定律）。由于铅球的密度比水的密度大，因此落到船上所排出的水的体积要更大。

圣诞节风铃

答案见图。

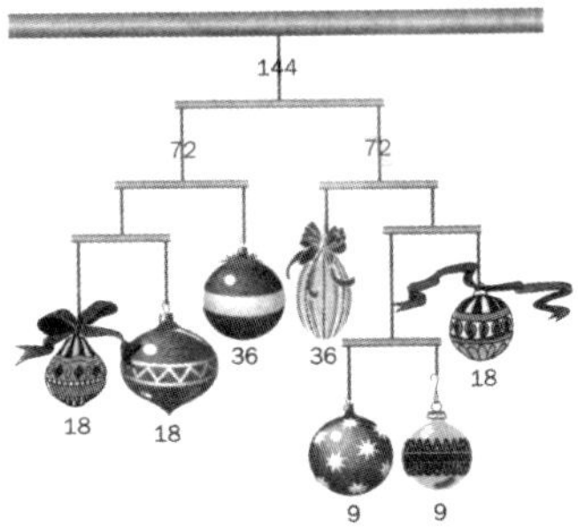

投弹线轨迹

正确答案为B。炸弹会呈抛物线下降。

最牢固的门

D最牢固。

因为三角形的3条边确定后，它的形状便不易改变了，D正是由两个三角形组成的，所以D是结构最牢固的门框。

药水的挥发

药水挥发后，在第三天剩余的量是原来的1/2×2/3＝2/6＝1/3。第四天剩余的量是原来的1/3×3/4＝3/12＝1/4。据此可知，第n天时还剩1/n瓶。所以，正确选项是C。

锌块的作用

由于船壳是铁的，装上锌块就形成了原电池，锌比铁活泼，因此被腐蚀的将是锌而不是铁了。

自动闭合的门

这个装置利用了一些简单的机械原理。装置中用到了链子、滑轮、杠杆以及气箱和水箱。牧师将圣坛上的圣火点燃，气箱和水箱里的空气受热膨胀，压迫球形水箱里的水通过虹吸管流到挂在滑轮上的桶里面。桶的下降会拉动绳子或链子，从而拉动拴门的链子，神殿的门就这样被“神奇”地打开了。

当圣火燃尽，空气冷却之后，门又会通过右下方的平衡物自动关上。

反重力圆锥

这两个圆锥的组合体看上去将会开始向上移动，但实际上它是在倾斜的轨道上向下运动，就如从这个设计的一个侧面所看到的一样。当这两个圆锥的组合体看起来像是向上移动时，轨道逐渐增加的宽度使它下降，实际上它的重心向下移了。

掷 100 次硬币

掷 100 次全部为正面的概率：

掷到 1 个正面的概率为：1/2＝0.5

掷到 2 个正面的概率为：1/2×1/2＝1/4＝0.25

掷到 3 个正面的概率为：1/2×1/2×1/2＝1/8＝1.125

掷到 100 个正面的概率为 $(1/2)^{100}$。

约等于 1/10000000000000000000000000000000。在理论上是有可能掷到 100 个正面的，但是在实际操作中基本上不可能，因为正反都掷到的可能性有太多种。

同样，在实际操作中，出现所给出的任意一种情况的可能性都很小。这些情况出现的可能性都是相同的。

第二部分

图像记忆法

所谓图像记忆法，就是尽量把需要记忆的内容以实在的物体的形象在大脑中运作，从而达到记忆的目的。

实践证明，图像记忆是最符合人类大脑运作模式的记忆方法，纵观风靡世界的各种所谓超级记忆法，多数都是依靠一系列的训练，帮助人们把各种需要记忆的内容转换为图像，从而达到记忆的目的。

这里，通过观察、比较、识别图像等类型的思维游戏，以寓教于乐的方式拓展你的记忆能力。

检查一下记忆力（一）

利用 5 秒钟记住左图，然后遮住左图，看右图，有的打“√”，没有的画“×”。

拓展系数：★★☆☆☆

检查一下记忆力（二）

利用 5 秒钟记住左图，然后遮住左图，看右图，有的打“√”，没有的画“×”。

拓展系数：★★☆☆☆

旋转的物体

这是一个三维物体水平旋转的不同角度的视图，但是它们的顺序被打乱了，你能否将它们按照原来的顺序排列成一行？

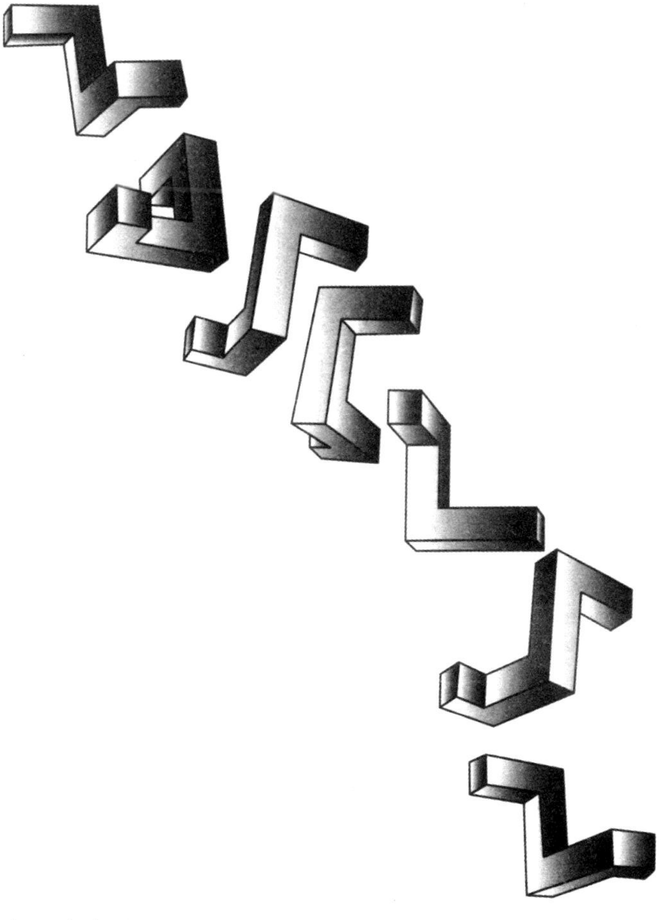

拓展系数：★★★☆☆

找相同图像

在下面的六幅图中哪两幅是一模一样的呢？

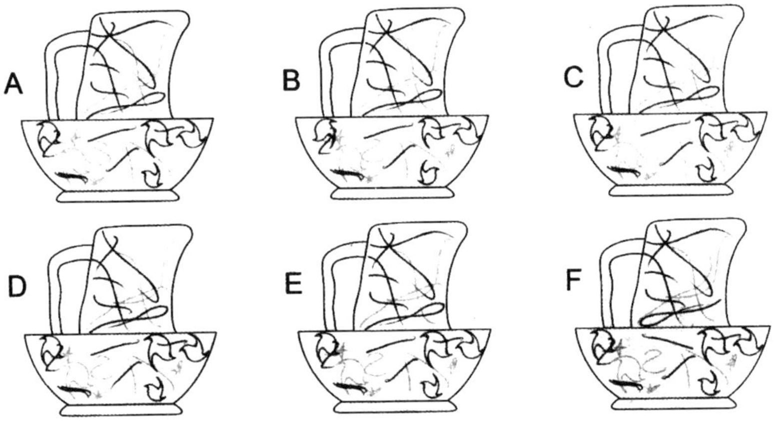

拓展系数：★★☆☆☆

棒棒糖螺旋

好奇特的灰色棒棒糖，灰色的部分是同心圆还是螺旋，你能跟踪它转动的轨迹吗？

拓展系数：★★★☆☆

绚丽舞姿

在一次大赛中一对舞伴分别被拍照 8 次。哪几张照片中能显示出他们改变了跳舞姿势呢？

拓展系数：★★☆☆☆

九点连线

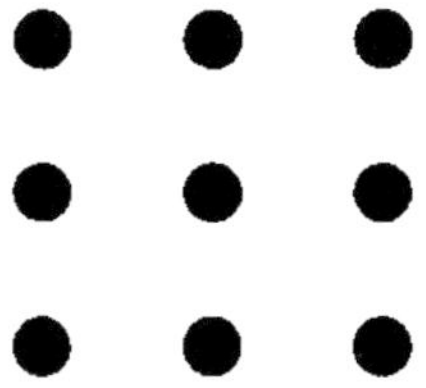

如图所示，有 9 个圆点。你能用 4 条直线一笔将这 9 个圆点连接起来吗？

拓展系数：★★☆☆☆

搭桥入室

取出 16 根火柴摆成如图所示的堡垒，堡垒四周围着深沟，它的宽度为一根火柴杆。如果有两块长度等于沟宽度的木板，怎样搭桥过沟进入堡垒？

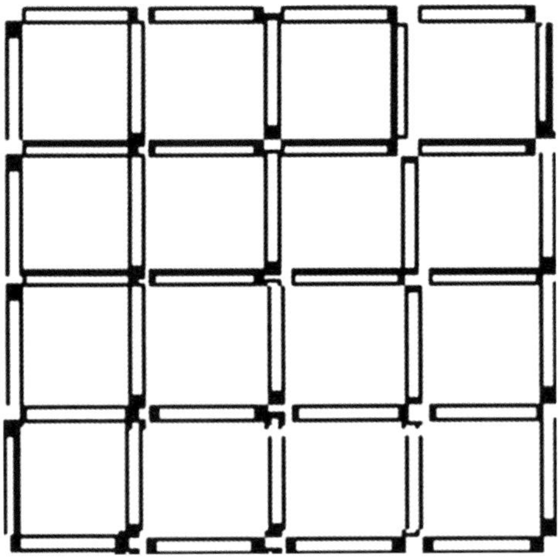

拓展系数：★★☆☆☆

巧变图形

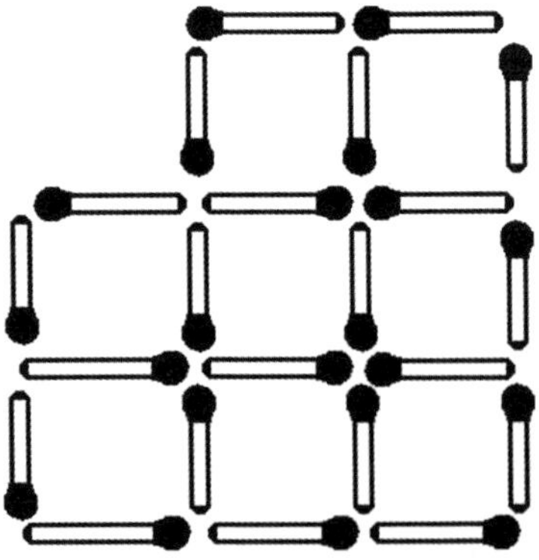

用 22 根火柴摆成如下图所示的图形。

1. 如何移动其中 2 根火柴，使它变成 7 个相等的正方形？

2. 从 7 个相等的正方形中，如何抽出 2 根火柴，使它变成 5 个相等的正方形？

拓展系数：★★☆☆☆

连取三角形

不考虑旋转后的重复情况，连接 9 个 3×3 排列的点中某 3 个构成三角形，共能得到 11 种不同的三角形。你能找出这第 11 种情况吗？

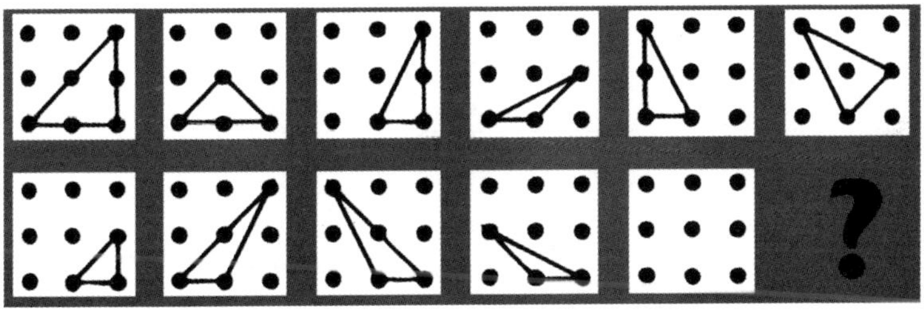

拓展系数：★★☆☆☆

变化的三角形

用 12 根火柴棒，如图摆 3 个三角形，并有 3 个梯形，请你移动其中的 6 根小柴棒，变成六个三角形、1 个六边形、1 个梅花形和 2 个梯形。请你想想怎样移？

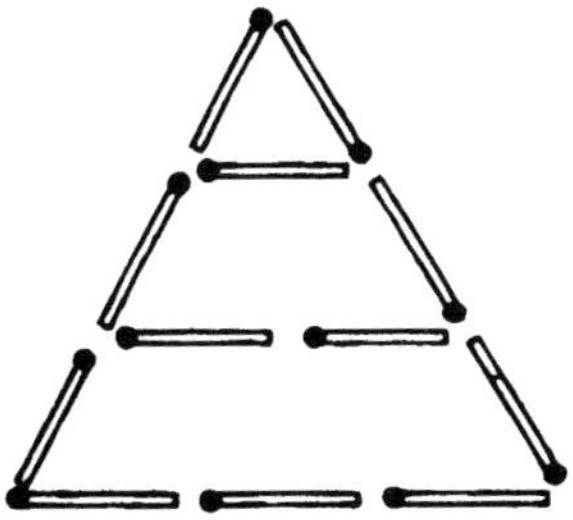

拓展系数：★★☆☆☆

多变的三角形

如下图所示，有 4 个正三角形。请问你能否再添加一个正三角形，使之变成 14 个正三角形？

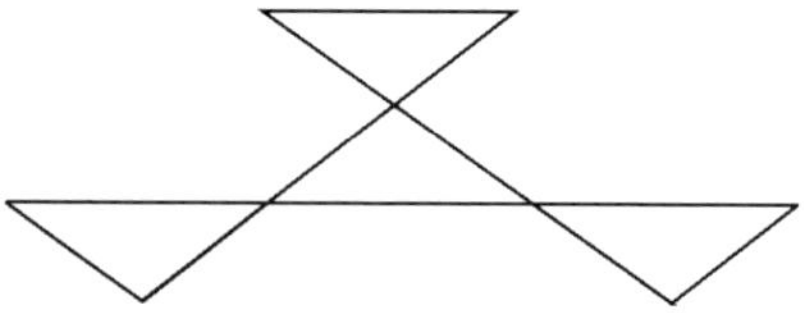

拓展系数：★★☆☆☆

折叠立方体

哪一个立方体可以通过折叠 A 形成？

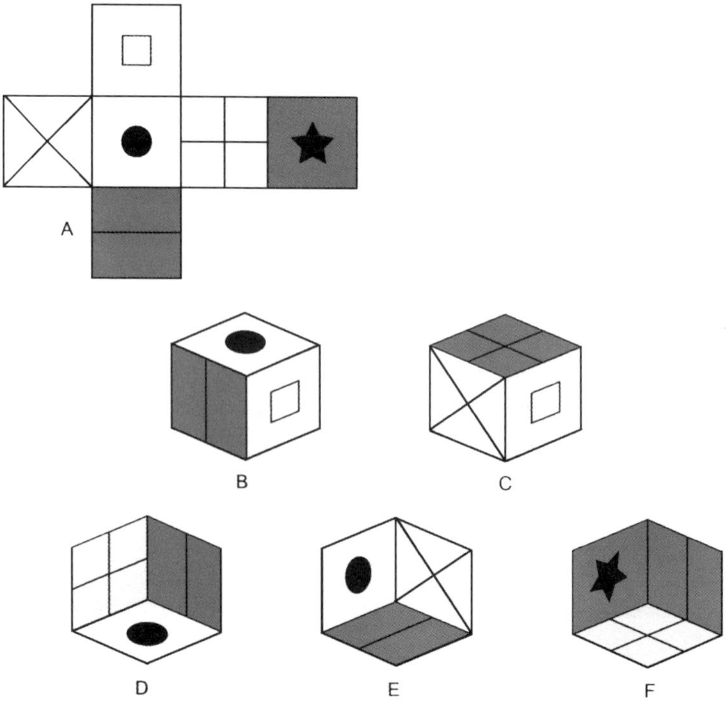

拓展系数：★★★☆☆

变方块

如下图所示，把火柴棒聚集起来，然后去掉其中的 2 根，使方块变成 2 个。

你能做到吗？

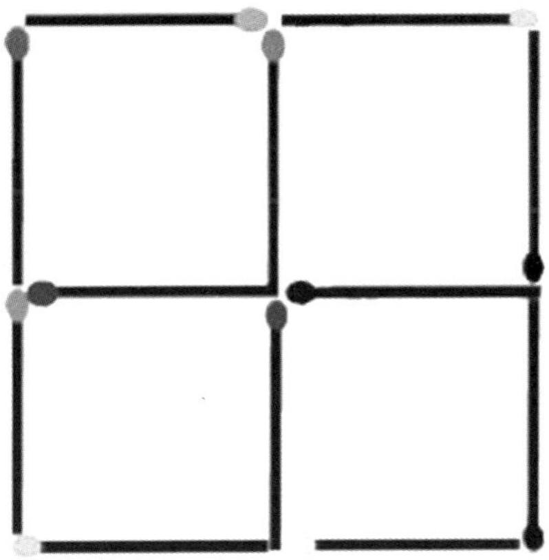

拓展系数：★★★☆☆

拼整圆

下面四幅小图中只有两幅能够恰好拼成一个整圆，是哪两幅呢？

拓展系数：★★☆☆☆

拼矩形

下面五个图形中有四个能拼成一个完整的矩形。是哪四个呢？

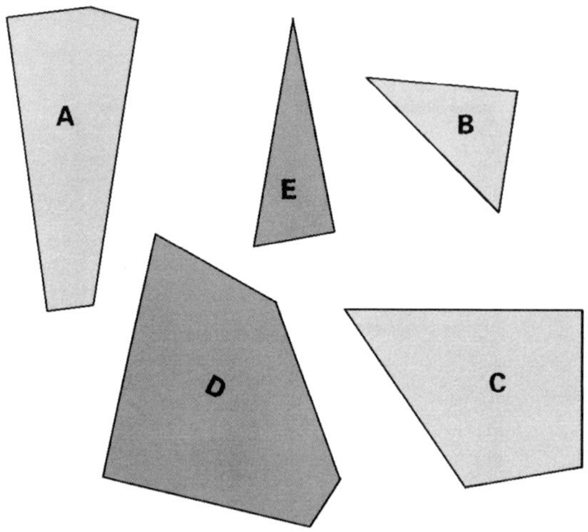

拓展系数：★★☆☆☆

拼正方形

下边图形中有 3 个组合在一起正好组成一个正方形，是哪 3 个？

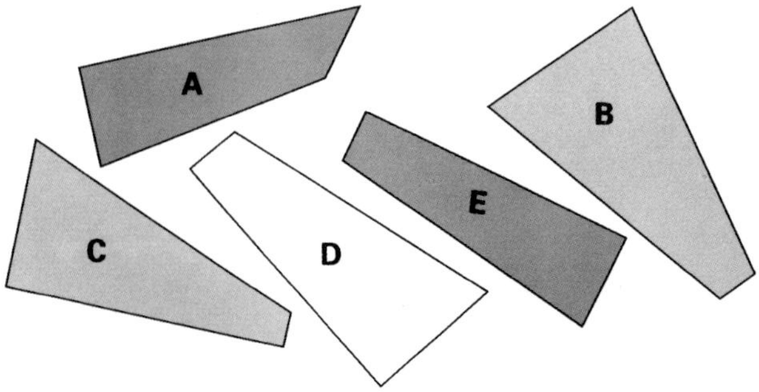

拓展系数：★★☆☆☆

拼图游戏

如图 1 所示，用剪刀把卡片的边角剪下不相等的两部分。现在你能用剪刀把这张形状已经改变的卡片剪成相同的两半吗？

将图 2 图形分成相等且相同的四部分，并且使得它们能够重新拼合为一个完整的正方形。

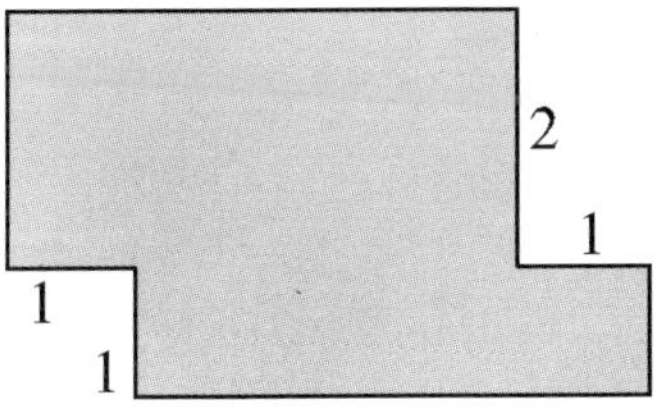

图 1

图 2

拓展系数：★★★☆☆

拼大写字母 T

你可以把下边这 4 个图片拼成一个完整的大写字母“T”吗？

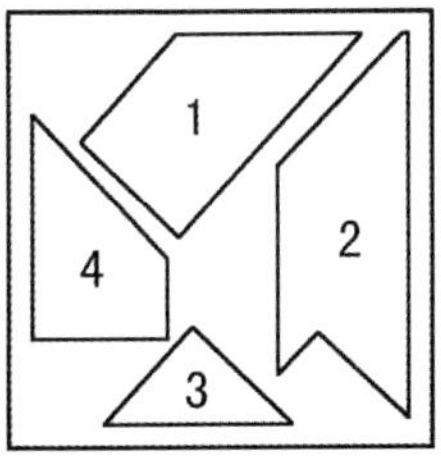

拓展系数：★★★☆☆

朝阳和满月

下图中左边的圆和右边的圆大小一样吗？

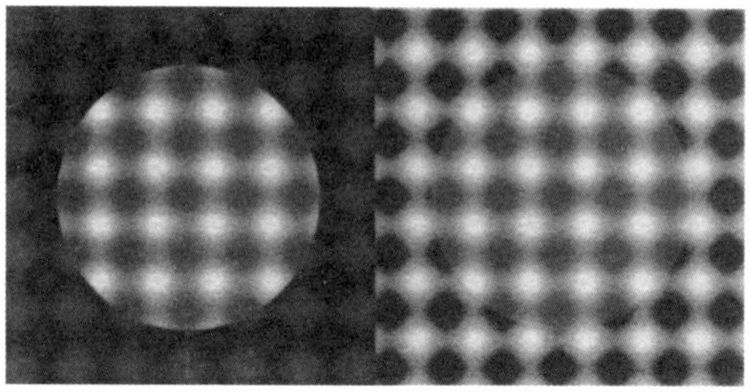

拓展系数：★★☆☆☆

多余的图形

如果将下面的一幅图分成几幅小图的话，哪一幅是多余的呢？

拓展系数：★★☆☆☆

相反的圆环

A

B

C

D

与上图图形相反的是 A、B、C、D 哪一个图形？

拓展系数：★★☆☆☆

最大的图形

用 8 根火柴可摆成许多图形，下面是一部分，它们的面积是不相同的，你看哪种面积最大，你能否摆出最大面积的图形？

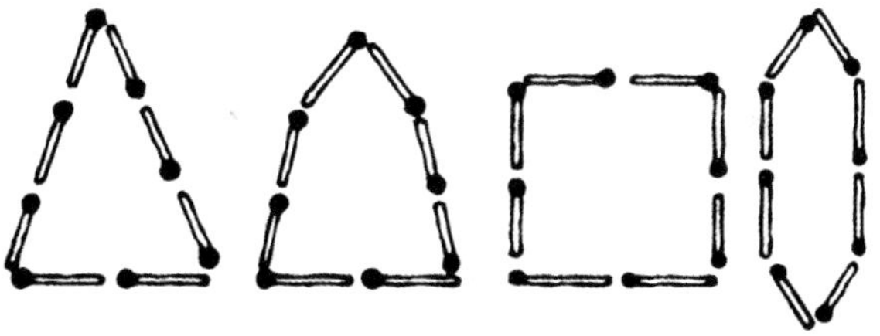

拓展系数：★★★☆☆

阴影的面积

如下图所示，有一个直径为 5 厘米的半圆形，现将其沿箭头方向平移 1 厘米。

移动后出现的月牙形部分的面积是多少？（指阴影部分）

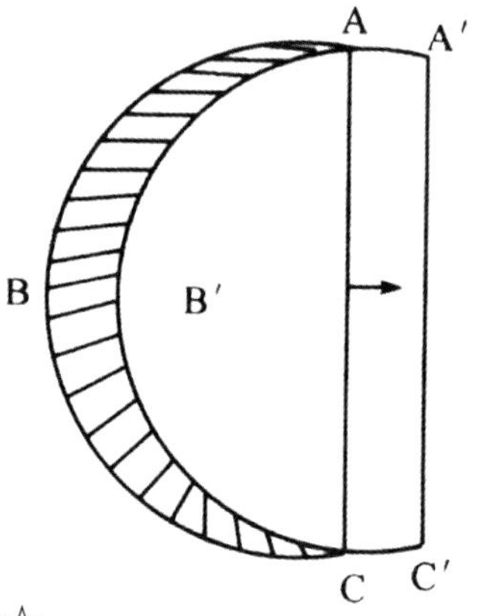

拓展系数：★★★☆☆

找不同图像

哪幅图不同于其他 4 幅？

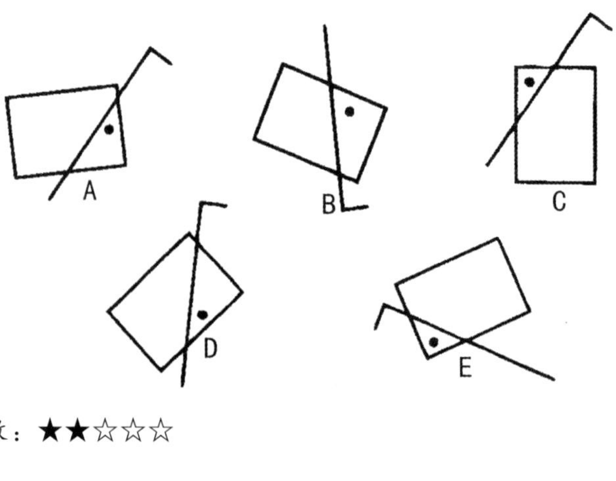

拓展系数：★★☆☆☆

回忆填图

仔细观察第一组图，然后将它们遮住，根据记忆从 A、B、C、D 中选出第二组图中缺失的图形。

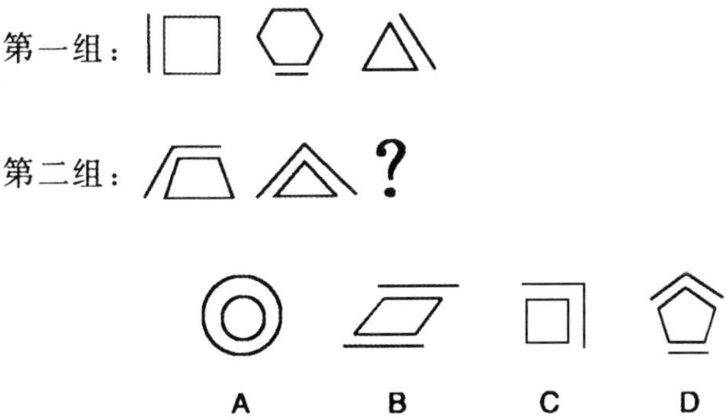

拓展系数：★★★☆☆

拼补花瓶

这个造型美观的花瓶是位技术高超的工匠用旁边的碎瓷片拼成的。请你仔细看了后，在碎瓷上写上对应的编号。

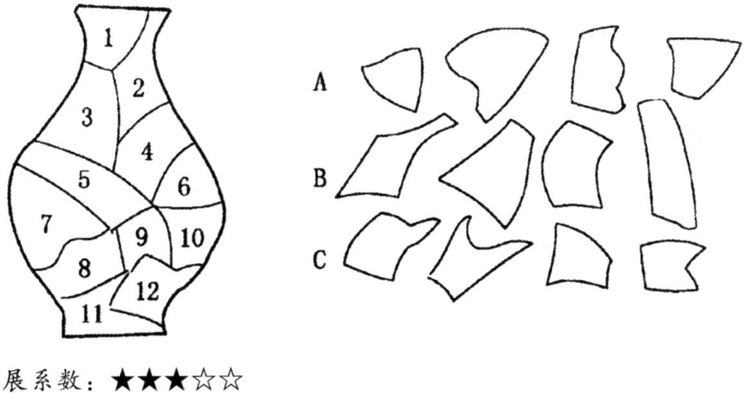

拓展系数：★★★☆☆

图形构成

A、B、C、D 4个图形分别是由1～4中某几个图形组成的，请你说出它们分别是由哪几个图形组成的？

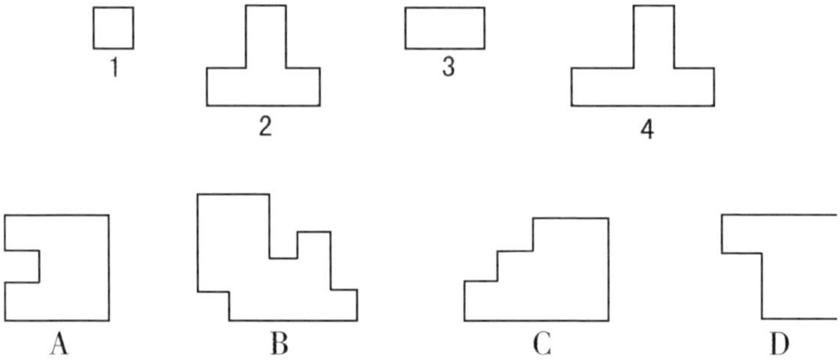

拓展系数：★★★☆☆

过目不忘

请仔细观察、记忆下面的八个人物的名字和职业，然后覆盖住图像下的名字和身份，尝试着将它们写出来。

拓展系数：★★☆☆☆

飞上飞下

图中哪只昆虫飞得更高，是左上角的那只还是右下角的那只？

拓展系数：★★☆☆☆

镜像问题

这是一个镜像问题，参照所给例子的解决方法，找出所给选项中错误的一个。

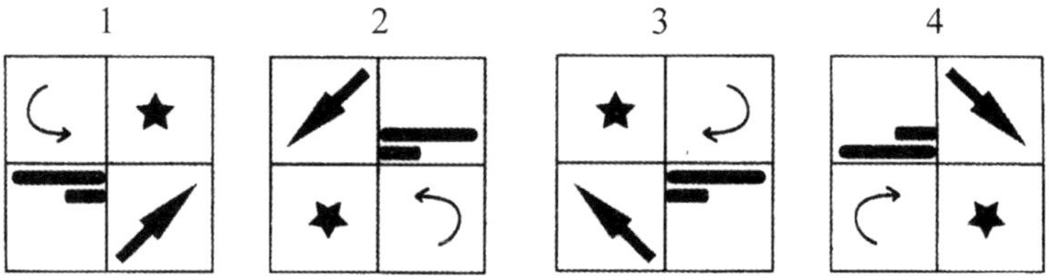

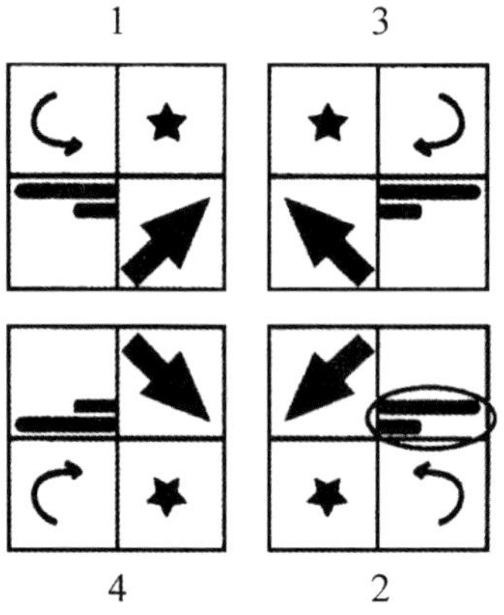

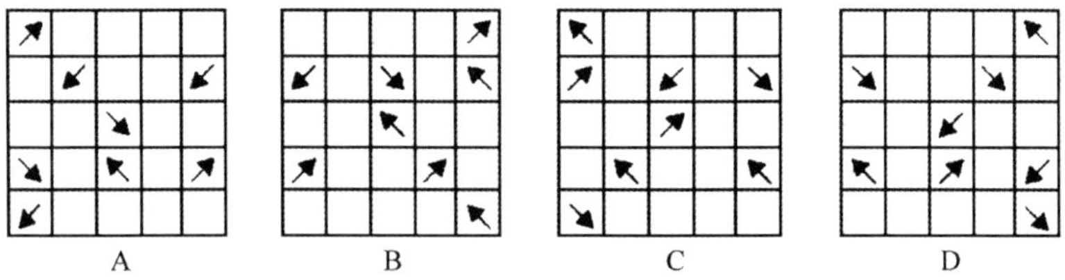

拓展系数：★★★☆☆

狗狗探险

长耳朵狗狗要到山洞里探险，你知道它是怎么走的吗？

拓展系数：★★☆☆☆

印象蜘蛛网

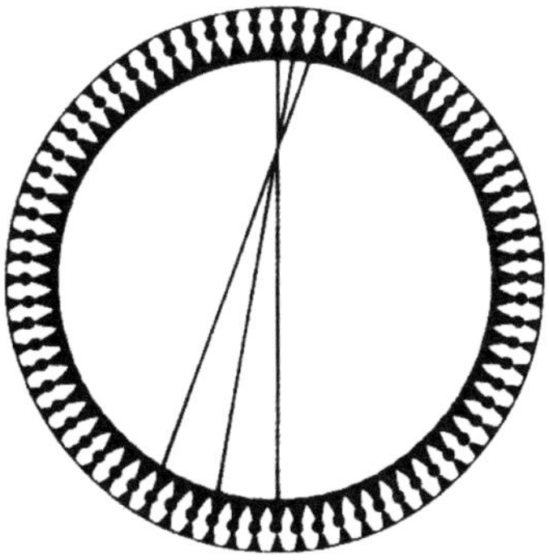

图中，一个圆的圆周被等分。3 根交于一点的直线达及圆周。如果在圆的其他地方画上与这 3 根直线组成的图形相同的直线组，最后会出现什么图案？是不是有点像蜘蛛网？

拓展系数：★★★☆☆

只有一个不可以

见下图，七格三角形是由 7 个全等三角形组合而成的，一共有 24 个。

这 24 个七格三角形中有多少个可以用来铺地板（也就是说，无数个这样的图形可以无限地铺下去，每 2 块之间都不留缝隙）。有人证明了只有 1 个不可以。请问是哪一个？

拓展系数：★★★☆☆

手势记忆

两人一组，A 首先认真看 B 做如下五个手势，而且只能看不能跟着做。在 B 把五个手势做完后，由 A 按顺序重复做出来。

手势一：双手各伸出中指和食指。

手势二：双手各伸出小指。

手势三：双手各伸出 5 个手指。

手势四：双手各伸出大拇指。

手势五：双手握拳。

第一遍做完后，可以再把这几个手势倒着做一遍。

比比谁的记忆力更好，看谁做得又快又准确。

拓展系数：★★★☆☆

数图互译

仔细观察下面的图片，然后把图片遮起来。

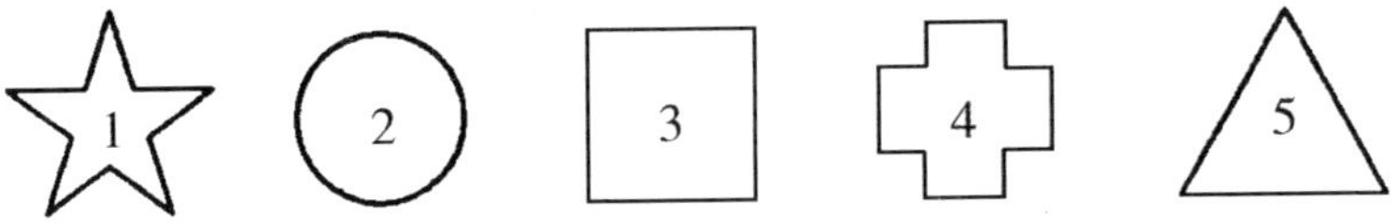

将图片对应的数字填在下面的图形中。要求从左到右按顺序填写，不能跳跃性地填写。

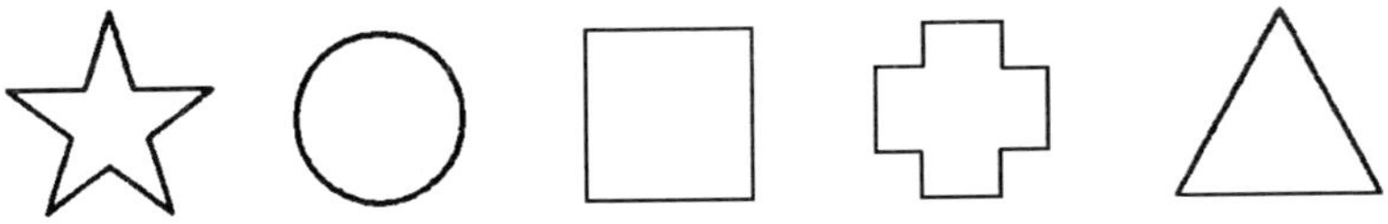

拓展系数：★★★☆☆

底部的图案

以下三个图形，是同一个立方体由于三种不同的放置所呈现出来的三种不同的视面。

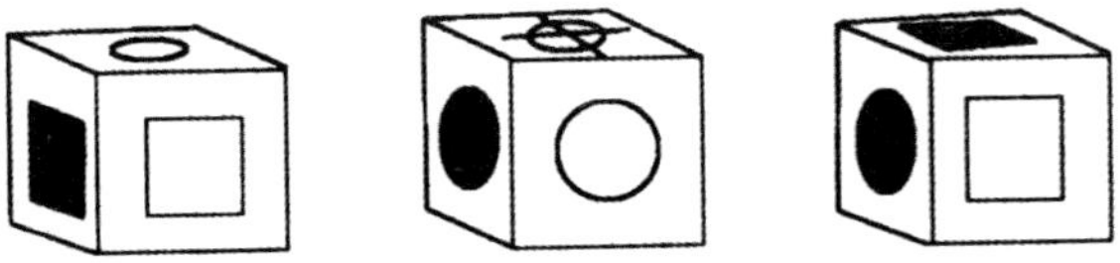

从图中可以看到，有以下 5 种图案分别出现在立方体的各个侧面。

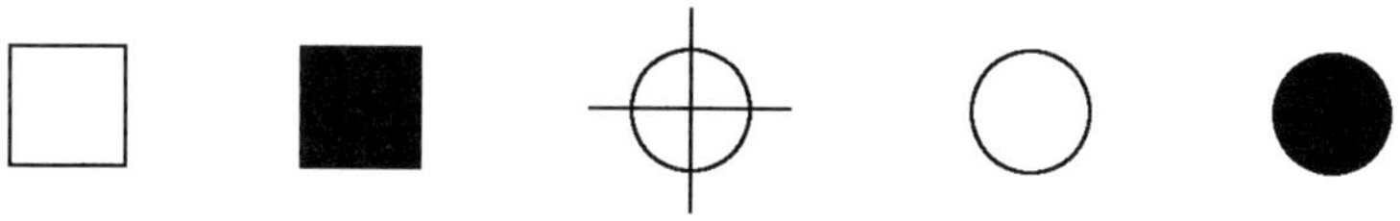

立方体的六个侧面都有图案，而出现在立方体的各个侧面上的图案，总共只有这 5 种，也就是说，有一种图案出现了两次。如果我们进一步知道，上述三种视面中，位于底部的图案，都不是出现两次的图案，那么，哪个图案出现了两次？

拓展系数：★★★☆☆

扑克记忆

请大家仔细观察下图一分钟，记住扑克牌的花色和点数。

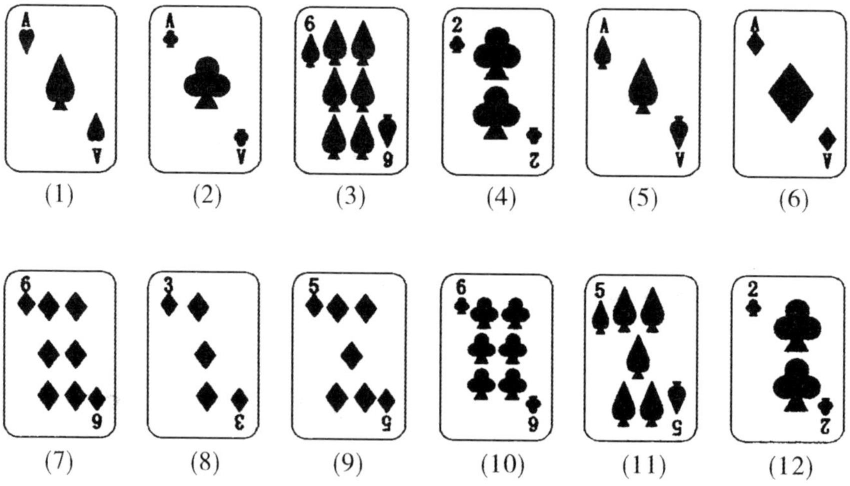

拓展系数：★★★☆☆

图形构成

A、B、C、D 4 个图形分别是由 1～4 中某几个图形组成的，请你说出

A、B、C、D 4 个图形分别是由哪几个图形组成的？

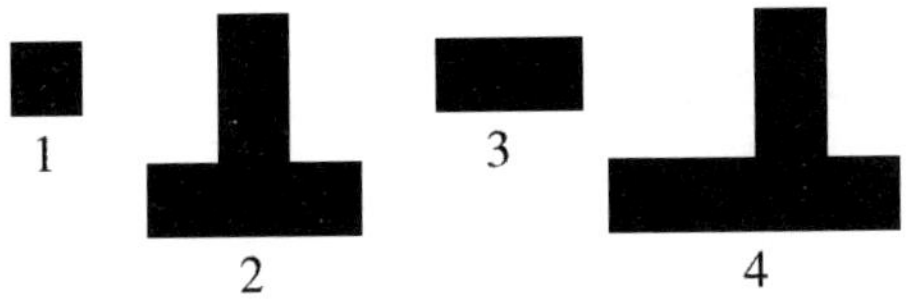

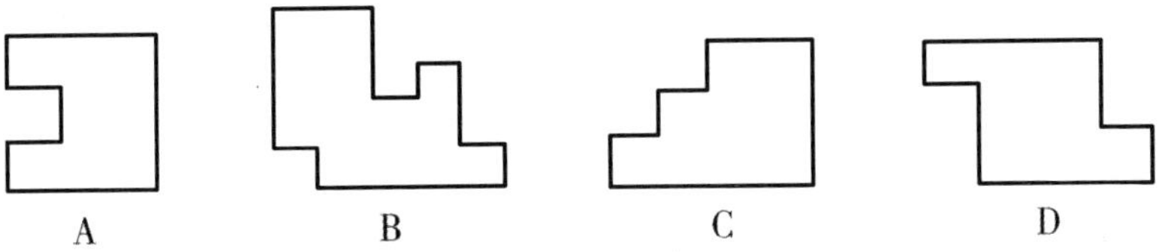

拓展系数：★★★☆☆

答案及提示

检查一下记忆力（一）

检查一下记忆力（二）

旋转的物体

答案如图。

找相同图像

C 和 E。

棒棒糖螺旋

灰色的同心圆似乎是无休止的螺旋。这是弗雷泽螺旋的变体图形。

绚丽舞姿

一对舞伴的两个人都分别换了一次姿势。

只有在两张照片中他们是变换了姿势的，其他照片中显示的都是他们在旋转。

九点连线

人们在认识、感知图形的过程中，都有一种“组织性”“完形性”的习惯倾向，形成一种“格式塔心理”：结构不是其组成部分的简单相加，其组成部分的性质是由内部系统性整体结构决定的。这种心理往往对事物的认识产生一种完形的“格式塔”形象认定，从而在接受知觉思维素材时，以所感受到的有关该事物的整体形象为出发点。

在这种思维定式的影响下，看到本题的九个点时，也就很容易将其认定为是一个正方形了。由此也只能在这九个点所组成的正方形

“边界”内解决问题，从而以常规的正向思维形式，得出“无解”的结论。

搭桥入室

答案如图所示。

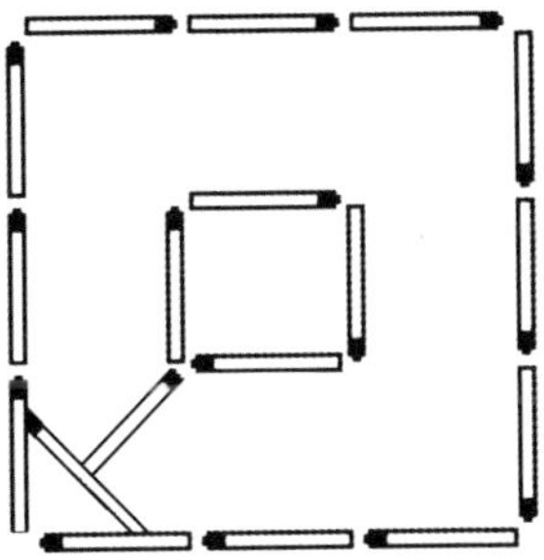

巧变图形

答案如图。

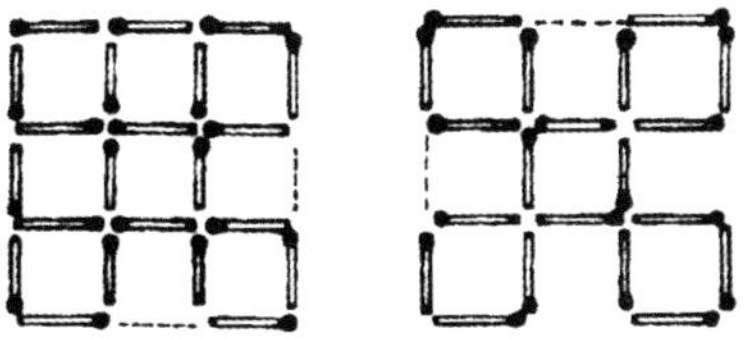

连取三角形

答案如图。

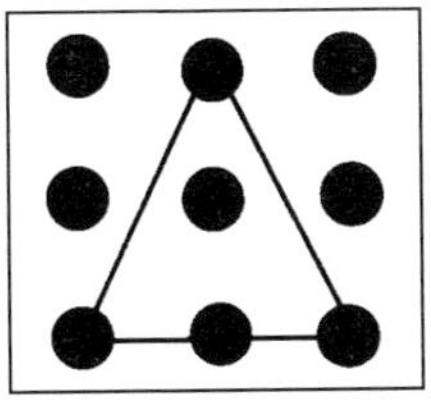

变化的三角形

答案略。

多变的三角形

答案略。

折叠立方体

答案是 F。

变方块

答案见图。

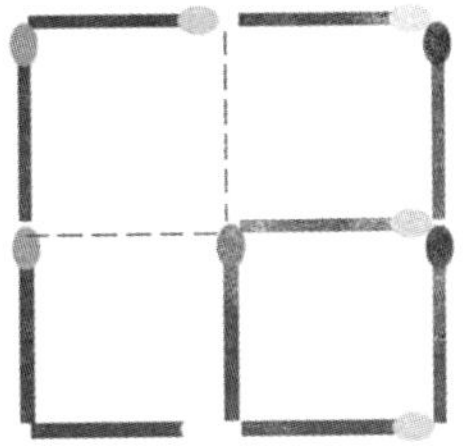

拼整圆

A 和 C，如图所示。

拼矩形

是 A、B、D、E 四块，如图所示。

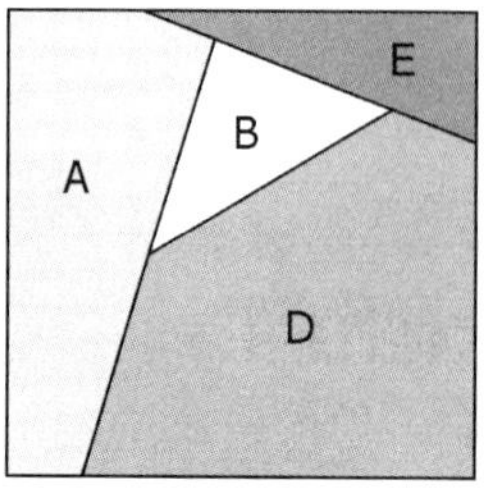

拼正方形

是 B、D、E 三块。

拼图游戏

答案如图。

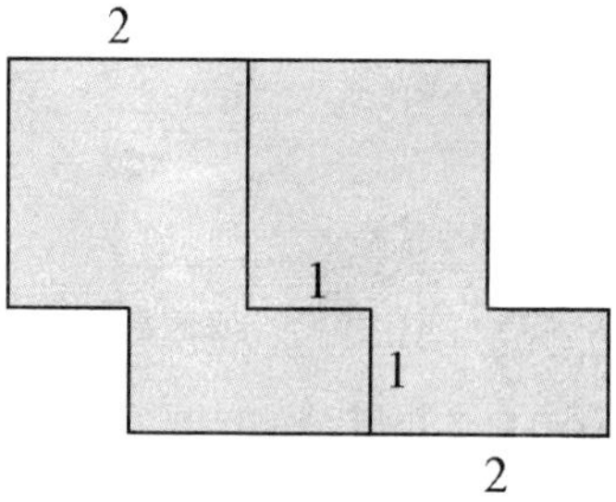

图 1

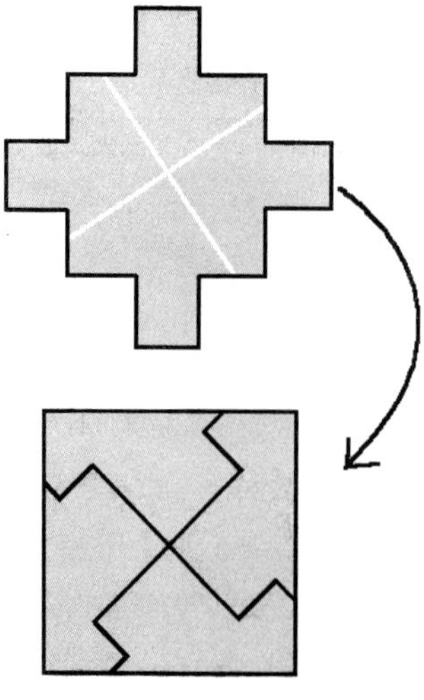

图 2

拼大写字母 T

如图所示。

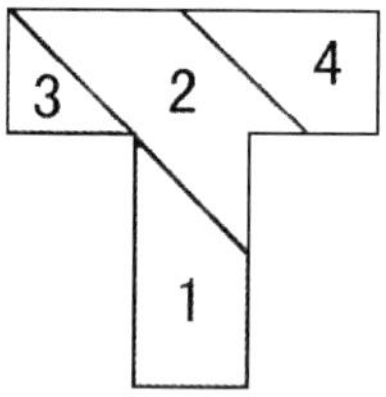

朝阳和满月

左边的圆似乎大点儿，右边的圆似乎小点儿。再仔细比较，左边的圆似乎像是一轮满月，右边的圆像冉冉升起的朝阳。是这样吗？实际上左、右两边的圆大小上是完全一样的。

多余的图形

多余的图形是 D，见原图。

相反的圆环

答案是 B。

最大的图形

答案如下图所示。

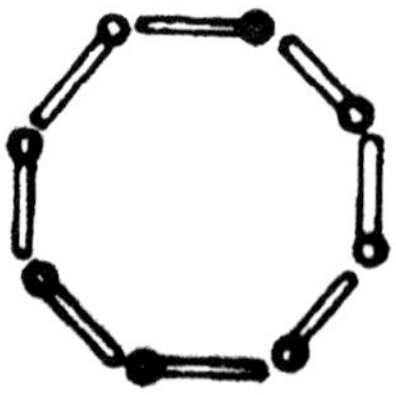

阴影的面积

阴影部分的面积为 5 平方厘米。

注意观察一下这个图形，就会发现，半圆形向右平移 1 厘米，实际上是向右侵占了 AA'C'C 的长方形空间。这与它平移后所拉开的月牙形部分是相等的。因此，阴影部分的面积等于长方形的面积。即 5 平方厘米。

如果再复杂一点，月牙形 A'ABCC' 的面积减去半圆 A'B'C' 的面积，同减去半圆 ABC 的面积是相等的。这样，就又回归到原来的观察上，仍然只是长方形的面积。

找不同图像

答案 B。在该项中，没有形成一个三角形。

回忆填图

C。记忆图形时，除了要留心图形的形状，也要留心图形之间有什么样的关系，抓住规律，记忆才能有效率。

拼补花瓶

A：6、7、8、1；

B：2、3、4、5；

C：12、11、10、9。

图形构成

A 由 1、2、3 组成；B 由 2、3、4 组成；C 由 1、3、4 组成；D 由 1、2、4 组成，如图所示。

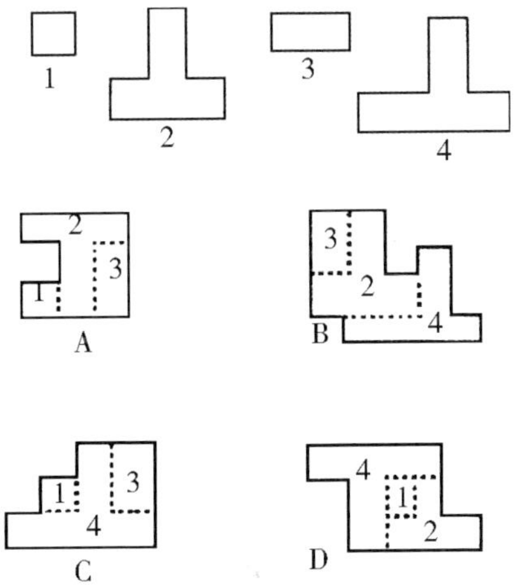

过目不忘

记忆的过程中，你需要调动视觉、感觉。进行此游戏时，秘诀是在图像与名字之间建立一种联系，联系得好，记得就快。

飞上飞下

这是一个深度交替变换的视觉图。一会儿你看到其中一只在这个图像的上方飞，一会儿你又看到另一只在上方飞，如此重复交替。

镜像问题

答案为 B。

狗狗探险

答案如图。

印象蜘蛛网

最终呈现的图案是一个 1∶2 的网。它还有个专门的名字：心形线或心脏线。

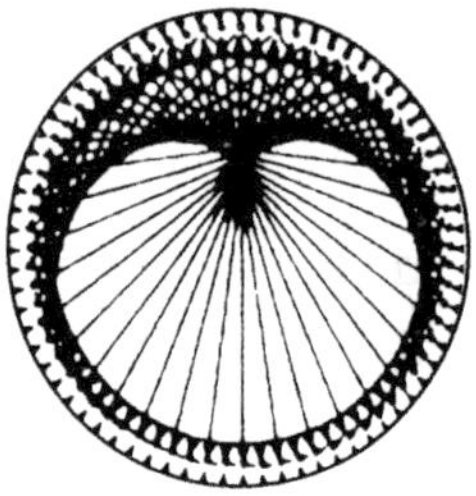

只有一个不可以

答案见图。

手势记忆

记忆的过程中要善于在大脑记忆的区间建立一个影像以帮助记忆。

数图互译

答案略。

底部的图案

出现了两次的是空圆。

一个图形或者出现一次，或者出现两次。假设空圆只出现一次，则图一和图二中的空圆是同一个侧面上的空圆。这样，和空圆相邻的四个侧面上，是四个互相不同并且与空圆也不同的图案。因此，图一中位于底部的图案一定出现了两次，这和条件矛盾。所以，图一和图二中的空圆是两个不同的侧面上的空圆，即出现了两次。

扑克记忆

答案略。

图形构成

A：1、2、3；B：2、3、4；C：1、3、4；D：1、2、4，如图所示：

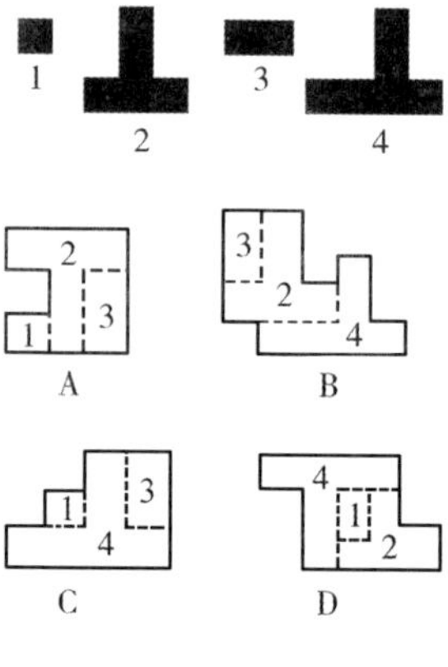

第三部分

观察记忆法

观察是记忆的基本要素之一，观察是为了保证信息的有效输入，记忆是观察结果的储存和检验。

良好的观察力能够很快使观察者掌握事物的基本特征，拓展和加深对事物的记忆。如果一个人的观察力不强或不准，那么他的记忆力也是比较弱的。

观察记忆法应把观察看作一种有目的、有计划、有步骤和有成果的知觉行动，这个过程越认真，越仔细，越全面，其效果就越好。

变形图案（一）

如下 4 个变形而来的图形 A、B、C、D 中，哪个与原始图形相符？可忽视线条长度。

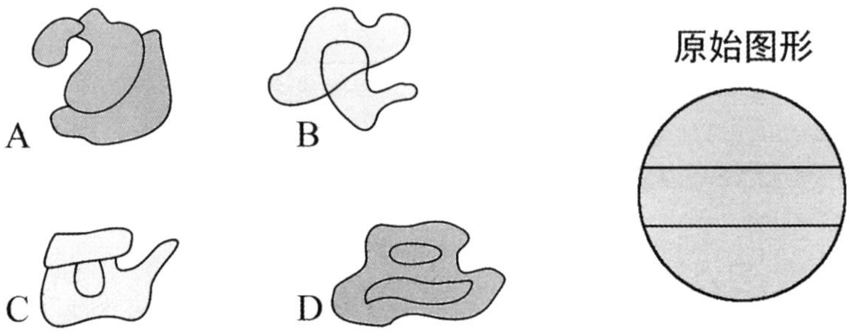

拓展系数：★★☆☆☆

变形图案（二）

见图，将左图纸片折成一个立方体（最下方的图案为底面），立方体的表面图案是怎样的？从 A、B、C、D、E 中选出正确的一幅。

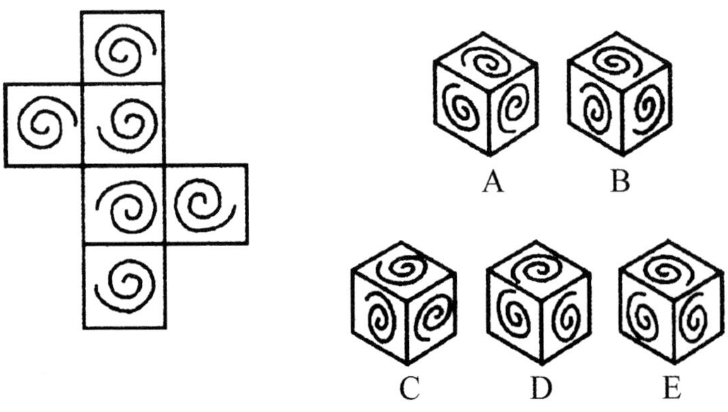

拓展系数：★★☆☆☆

找错误

A、B、C、D是一张图分别所成的像，有一项上有个错误，请找出这一项。

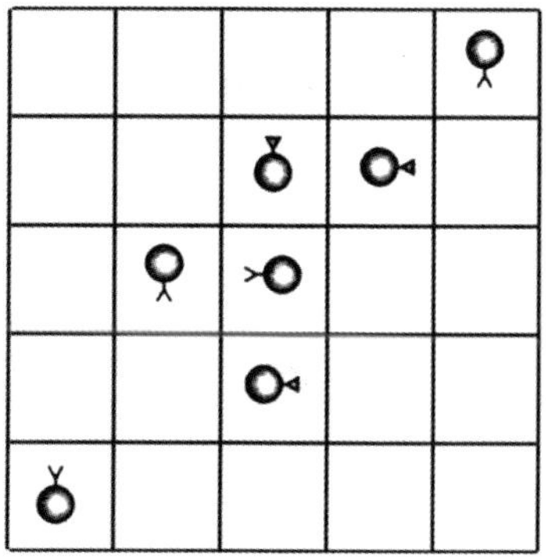

A

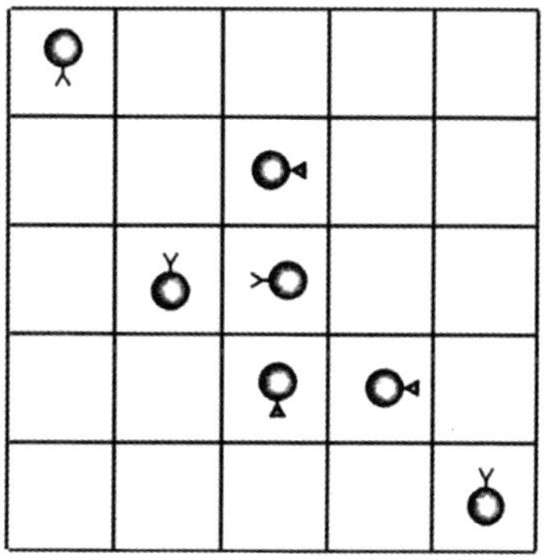

B

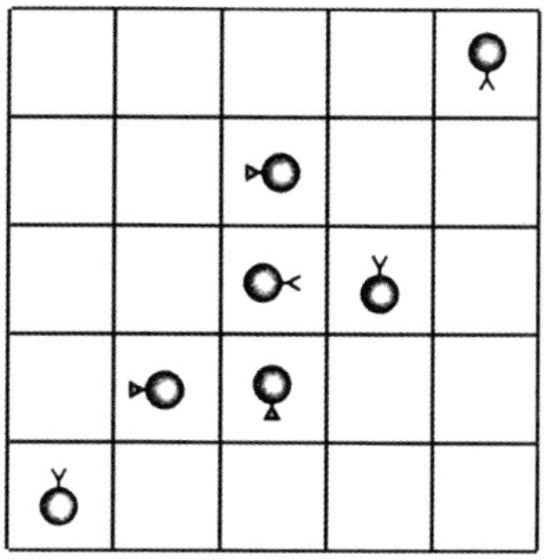

C

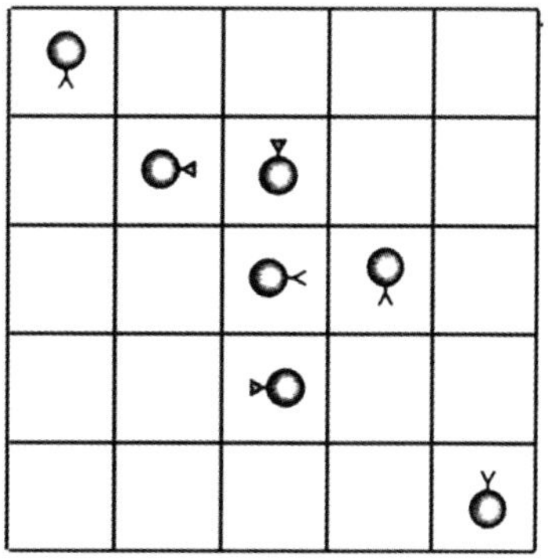

D

拓展系数：★★★☆☆

比大小

请你仔细观察后回答，下图所示的两个图片中，哪个阴影部分的面积大些？

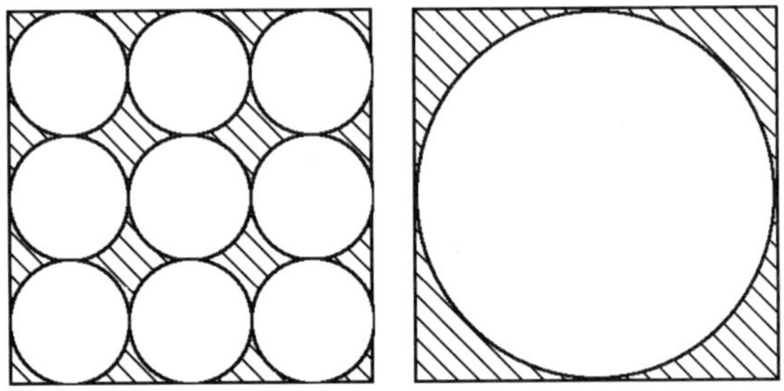

拓展系数：★★☆☆☆

切木块

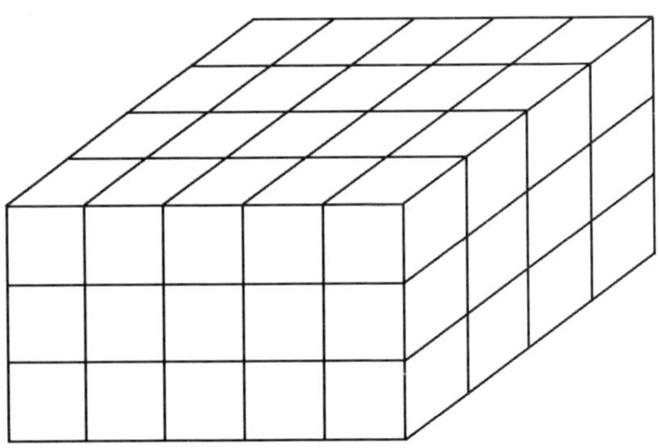

有一个长 5 厘米、宽 4 厘米、高 3 厘米的表面刷了油漆的立方体木块，现欲将其切成边长为1厘米的正方体。

请问：能切出多少个两个面刷了漆的正方体？

拓展系数：★★★☆☆

找面具

看图，一组面具中有一个带有生气表情的面具，看看你用多久能够找出来。

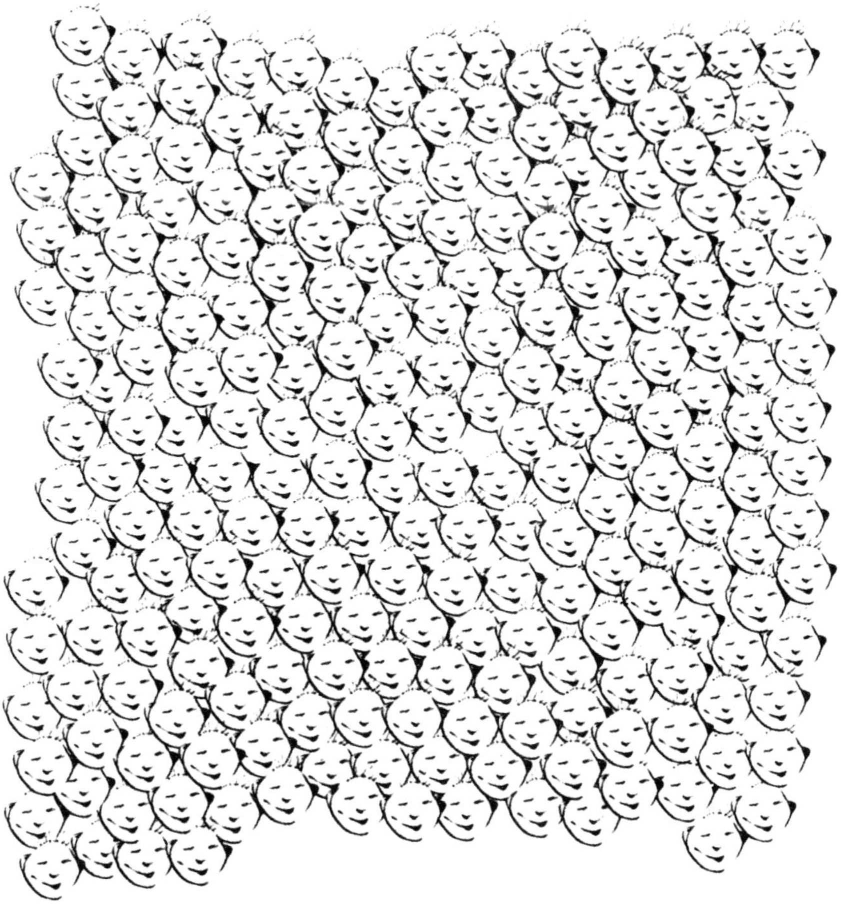

拓展系数：★★★☆☆

堵冰缝

见下图，图中有 27 块浮冰，一只小蜜蜂正在冰缝处四处观望。

你知道哪块浮冰能正好堵住这个冰缝吗？

拓展系数：★★★☆☆

找翻转图

见下图，A～E5 幅图案中，哪一幅是小方框内的图案左右翻转后得来的？

A　　B　　C　　D　　E

拓展系数：★★★☆☆

找纸条图

如下 6 幅图分别是由 6 根纸条绕成。

A　　B　　C

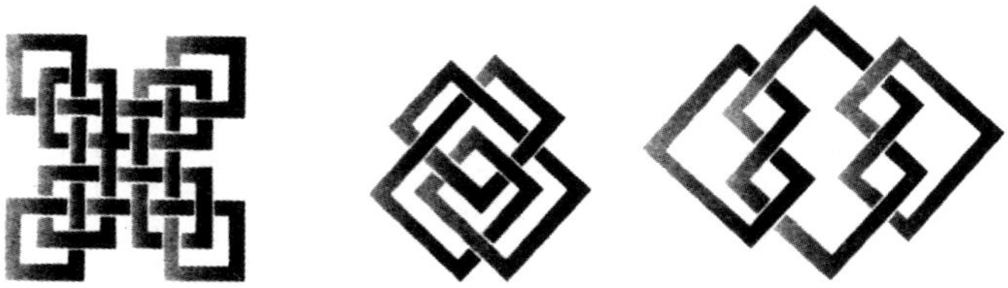

D　　E　　F

问哪一幅图与其他 5 幅都不同？

拓展系数：★★★☆☆

魔方的颜色

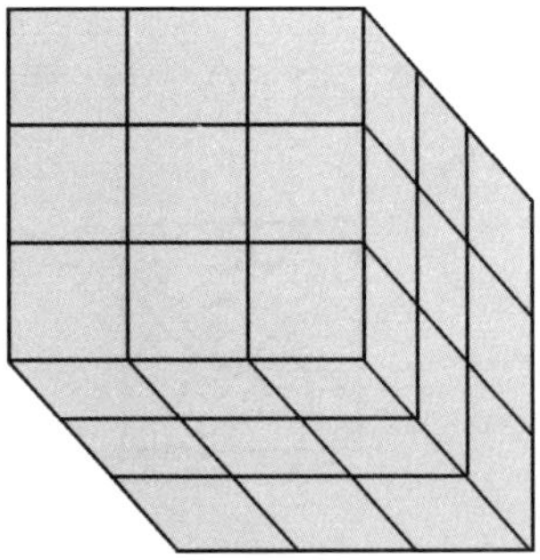

有一个魔方（如图），所有的面都是灰色。请问：有几个小立方体一面是灰色？有几个小立方体两面是灰色？有几个小立方体三面是灰色？有几个小立方体四面是灰色？有几个小立方体没有面是灰色的？

拓展系数：★★★☆☆

平行・非平行

下面有些线是平行的，有些不是。你能够区分出它们吗？

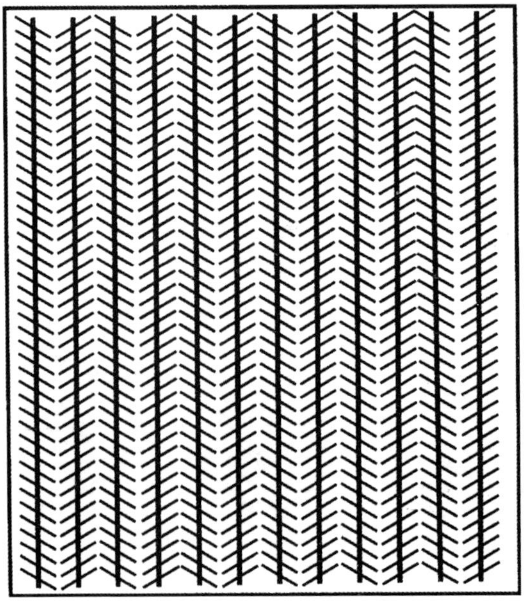

拓展系数：★★★☆☆

找同种表情

图中的表情各异，你能用最快的速度找出两组相同的表情组合吗？

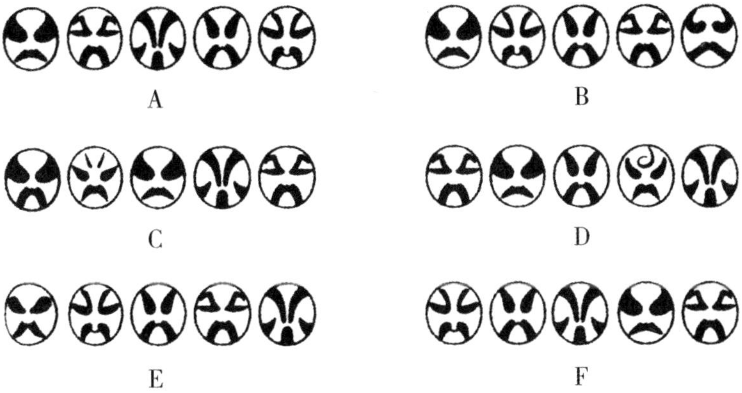

拓展系数：★★★☆☆

找第 3 支铅笔

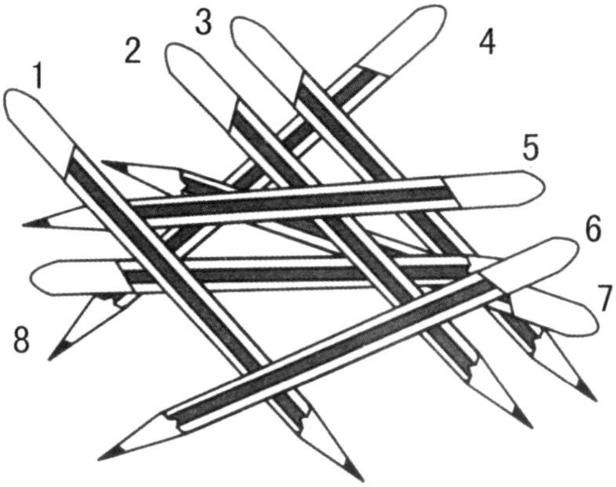

在这堆铅笔中，按照从下往上数的顺序，哪支铅笔是第 3 支呢？

拓展系数：★★★☆☆

巧探陷阱

下图是一张陷阱图，圆点表示陷阱，斜线表示水沟。

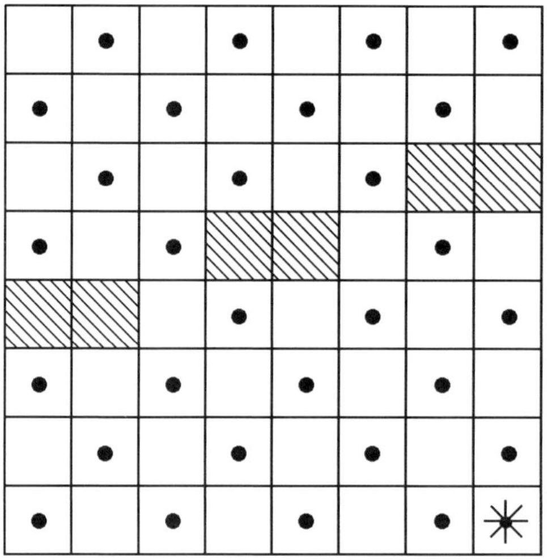

一个侦察兵从有“*”的方格出发，一格一格地走，把有陷阱的和空白的方格全走到了，并且一次也没有回到已经走过的方格中去。他没有走对角线，也没有到过斜线方格。他转完一圈，仍回到出发时的那块方格中。

你知道他是怎么走的吗？

拓展系数：★★★★☆

方中有圆

白色的部分和黑色的部分哪个面积更大些？

拓展系数：★★★☆☆

蜂巢迷宫

你能否找到穿过这个蜂巢的最短路线?

拓展系数：★★★★☆

布篷谜图

如图所示，四张布篷安装在一个支架上。如果从支架的正上方俯视，将看到什么图案？

拓展系数：★★★☆☆

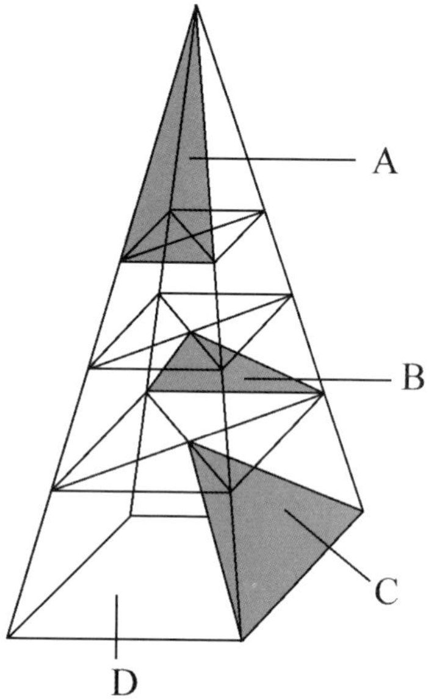

第二辆车

某人花了一辆车的钱买了两辆车，但是他却没法找到第二辆车，你能找到吗？

拓展系数：★★★☆☆

内部的秘密

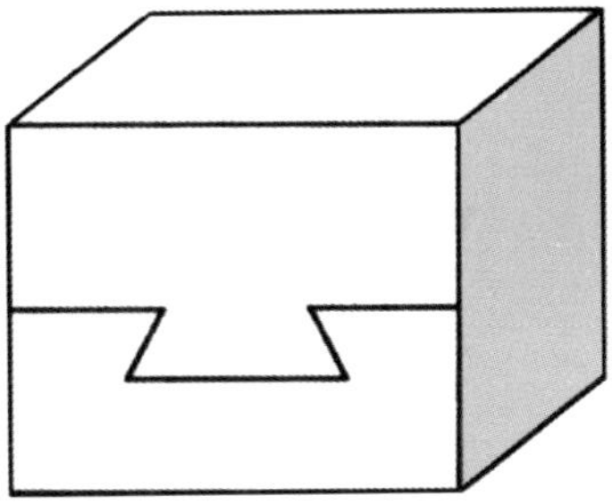

仔细地观察下图。两块木头拼接成如图所示的一个立方体。立方体的周围四个侧面有两块木头的接缝。隐藏在后面的两个侧面上接缝的形状，同我们能看到的两个侧面上的完全一样。初看起来，我们根本不可能不损坏木头而把立方体拆分成原先的两块。但是当你了解了立方体内部的结构后，你就会知道这是容易做到的。事实上，如果我们不可能把它们分开，原先又怎么可能把它们拼接在一起呢？

设想一下，立方体内部的结构是怎样的？

拓展系数：★★★☆☆

奇妙的形象

在下图所示的一系列图画中，每一幅图都包含有两种不同的画面。你能将它们找出来吗？

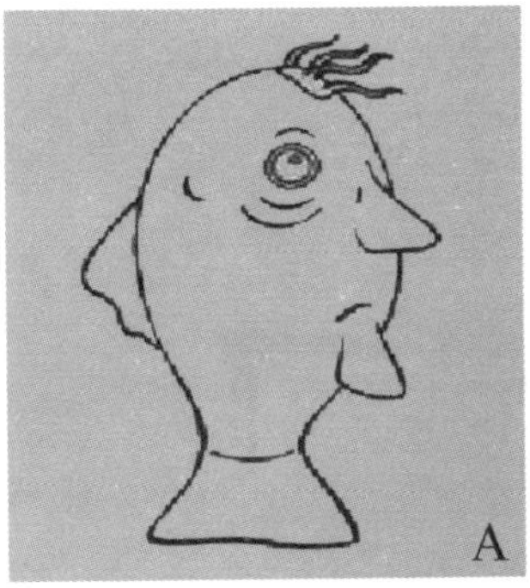

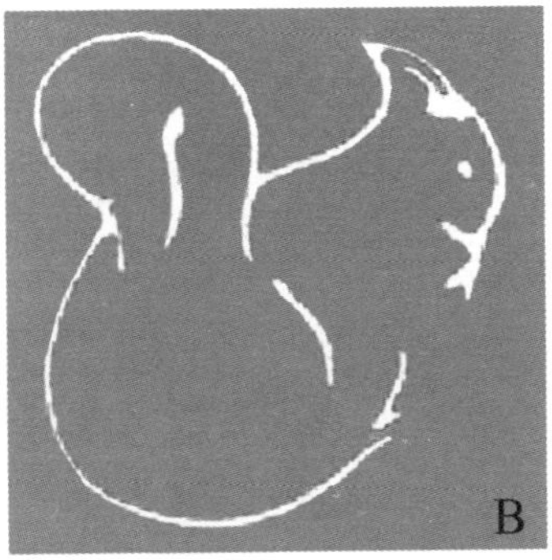

C

D

E

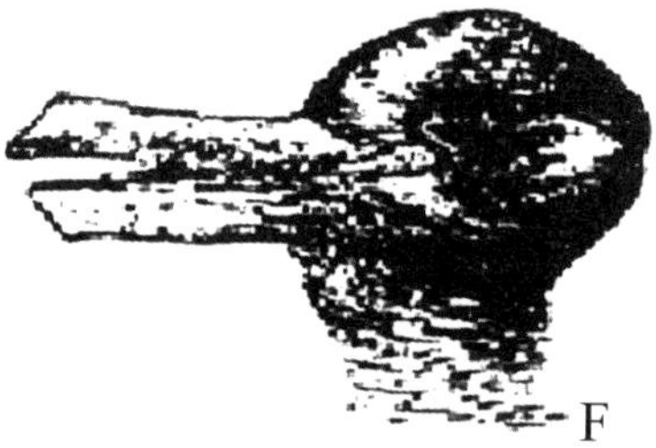
F

拓展系数：★★☆☆☆

谢泼德桌面

这两个桌面的大小、形状完全一样。信不信由你。

拓展系数：★★★☆☆

正方形的面积

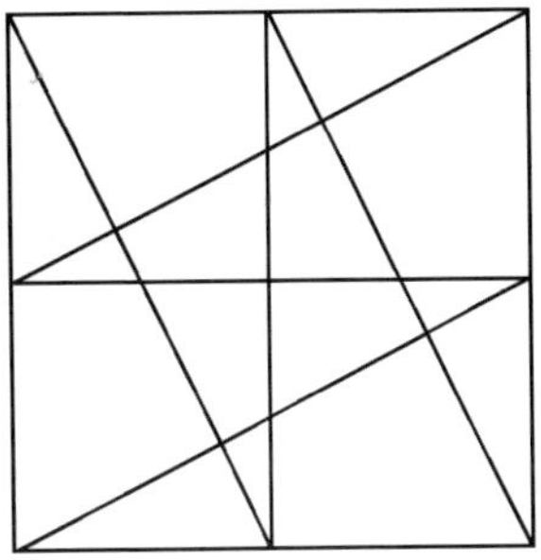

一个边长为5厘米的正方形，它的内部还有一个正方形，如图。

你能快速说出中间那个正方形的面积吗？

拓展系数：★★☆☆☆

隐藏的五角星

下图中有一颗漂亮的五角星，你能找到吗？

拓展系数：★★☆☆☆

遮住的波斯地毯

一块边长为 2 米的地毯覆盖了一块边长为 1 米的地毯的一角。大地毯的一个顶点放在小地毯的中心。不考虑周围的流苏，小地毯有百分之几的面积被大地毯遮住了？

拓展系数：★★★☆☆

相等面积

找找看 A～F 几何图形中，黑色部分和白色部分面积相等的有哪些图形？

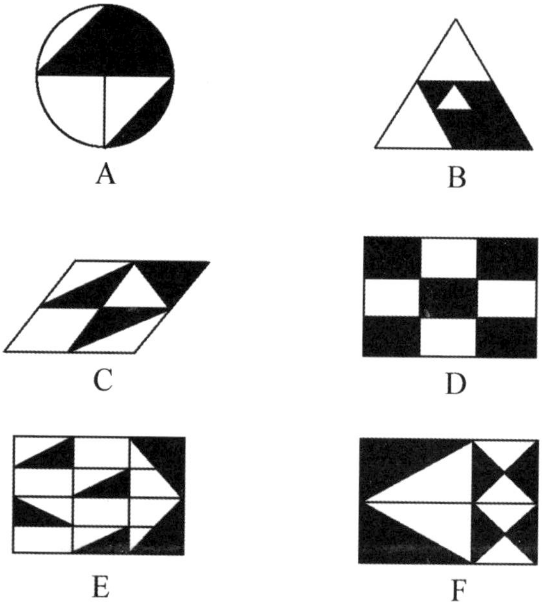

拓展系数：★★★☆☆

短针指向

在白色硬纸板的表面画有钟表的长针和短针，见图，按右图的方式吊起硬纸板并翻转，背面的短针位置就显露出来了。那么，如果按左图的方式吊起硬纸板并翻转，短针指向哪里？

拓展系数：★★★☆☆

图形组合

A、B、C、D 四个立方体中，哪一个是由方框内的平面图折叠而成的？

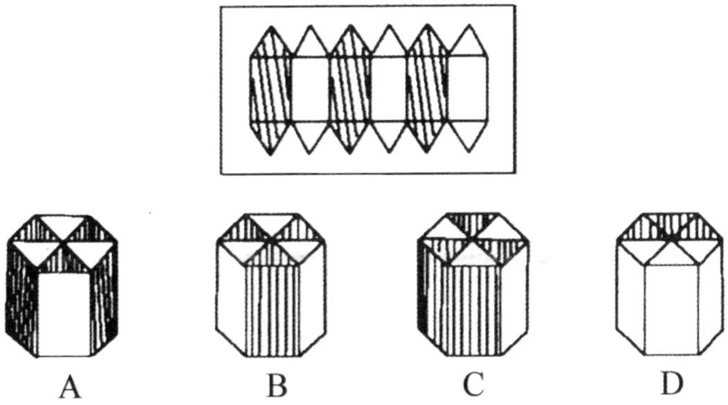

拓展系数：★★★☆☆

错位的眼睛

仔细看图中女孩，观察她的眼睛是否错位。

拓展系数：★★☆☆☆

所罗门王三角图案

所罗门王有一个漂亮的待嫁的女儿。周边许多国家的王子和侯爵都想迎娶这位美丽的公主。为了考验求婚者的智慧，所罗门王随手画了一个用许多的三角形组成的图案，要求求婚者数这个图案里一共有多少三角形。数对的就可以迎娶公主。

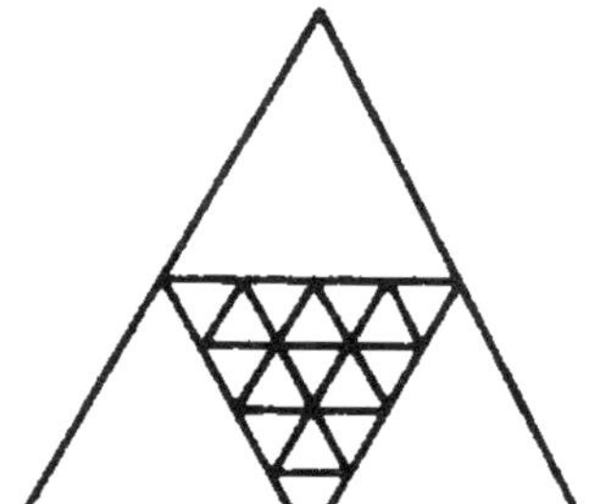

仔细观察这个图案，数一数图案上有多少个三角形。

拓展系数：★★☆☆☆

一份恐怖密函

美国联邦调查局最近接到一份恐怖分子发来的密函（见右图）。联邦调查局的破译组织成员连夜对其进行解密，从古罗马文化联想到古巴比伦文化，再到古埃及的符号，用各种各样的方法和假设都没能解开谜底。一天，一位新来的助手得知此事后，随手拿起这份密函，希望能从中找出一点蛛丝马迹。果然，不到1分钟，新助手告诉大家这是一份类似于恶作剧的挑衅书，目的是转移联邦调查局的视线。

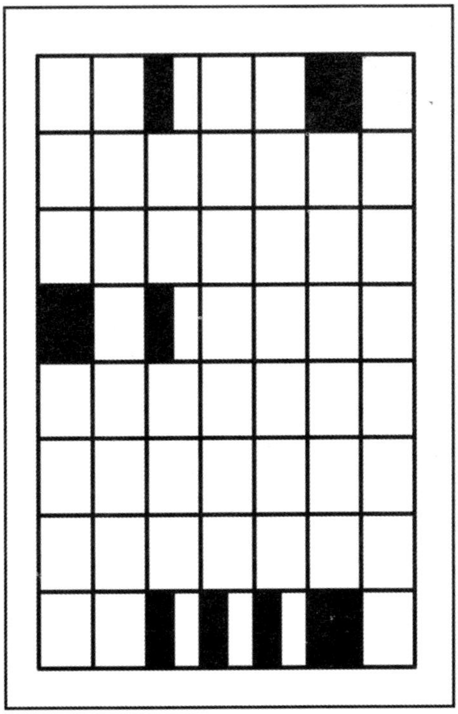

你知道新来的助手发现了什么秘密吗？

拓展系数：★★☆☆☆

许特尔记忆图表

许特尔图表是指在一幅有 5×5＝25 个方格的图表中，无顺序地排列着阿拉伯数字 1～25，如下有 25 个方格的图表中，无顺序地排列着阿拉伯数字 1～25。请你按照 1～25 的顺序边读边指出每个数字的准确位置，看看自己找出全部数字的最快速度是多少。

13	10	17	24	4
5	21	1	8	14
11	6	15	22	19
3	18	12	2	25
16	7	20	23	9

25	4	16	7	20
14	18	21	2	10
23	6	24	13	17
8	1	15	12	3
11	19	5	9	22

拓展系数：★★★☆☆

答案及提示

变形图案（一）

答案为 A。

变形图案（二）

答案为 A。因最上的图案为底面，所以立方体的顶面应该是原图中间从上往下数的第二个图案，由此，排除答案 B、D、E（不妨动手试试）。

找错误

答案是 D。

比大小

两者一样大。

切木块

24 个。

上下两层靠边又不占角的切块都满足条件，中间一层靠两个边的也都满足条件。从图中仔细数一下就可以知道共有 24 个。

找面具

那个生气的面具在第 2 行右边倒数第 2 个。

堵冰缝

第 27 块浮冰。

找翻转图

答案为 E。

找纸条图

D 与其他 5 个都不同，其他的都只有 1 个连续的结，而 D 是由 2 个结组成的。

魔方的颜色

6 个小立方体一面是灰色；12 个小立方体两面是灰色；8 个小立方体三面是灰色；没有小立方体四面是灰色；1 个小立方体所有面都没有灰色。

平行·非平行

如图所示，图中用箭头标出来的那条线与其他直线都不平行，它有点倾斜。这个小小的改动使这条直线看起来与它左右相邻的直线平行，但事实上不是，它是唯一一条与其他直线都不平行的直线。

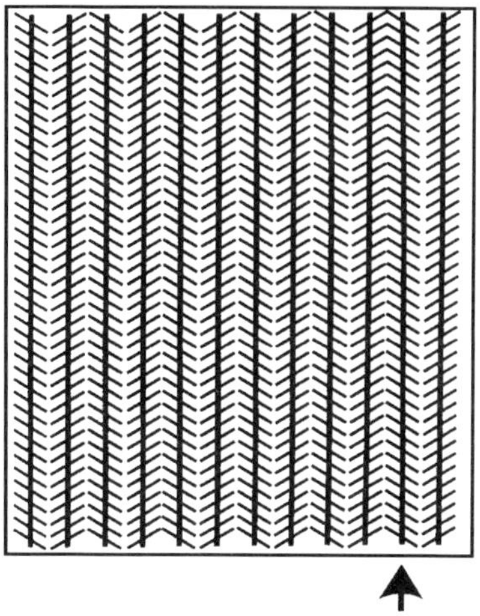

找同种表情

A 和 F。

找第 3 支铅笔

标号为 7 的铅笔。

巧探陷阱

答案见下图。

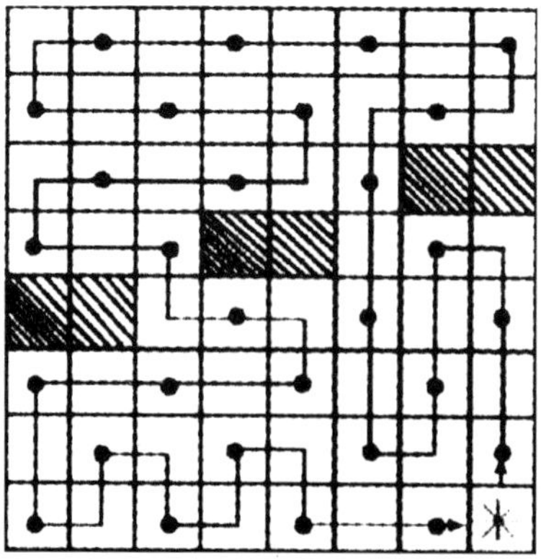

方中有圆

白色部分的面积比黑色部分的面积的 1.3 倍还多一点。视力错觉会让你感觉黑色部分的面积大。

蜂巢迷宫

答案见下图。

布篷谜图

答案见下图。

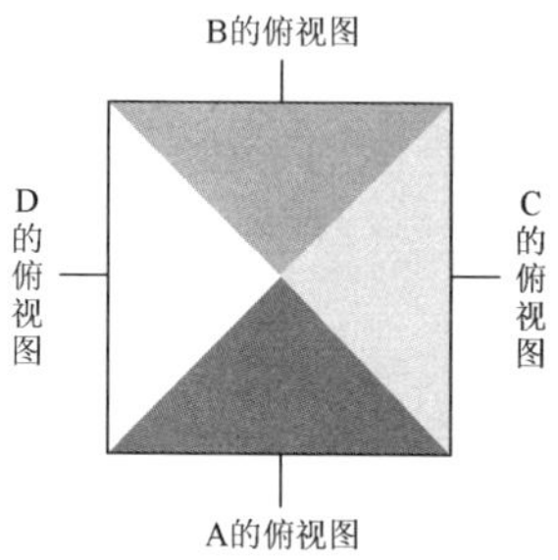

第二辆车

细心观察，其实一辆车横在另一辆车的上面，你看到了吗？

内部的秘密

初看这道题时，你极可能想当然地假设，这个立方体的底下部分的两道槽是互相垂直的。如果是这样的话，这两部分根本就不可能拼在一起，当然也就谈不上把它们分开了。但如下图所示，这两道槽事实上对于立方体底平面来说成对角线走向，并且互相平行。这种内部结构使得立方体的两部分很容易拆分开来，并重新拼在一起。

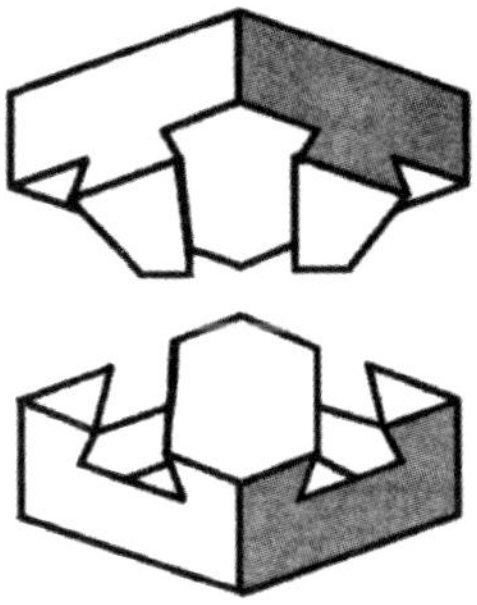

奇妙的形象

A. 一个可以看到脸的人和一条鱼。

B. 突出的天鹅的头也是一只大尾巴的小松鼠。

C. 走进雪屋的爱斯基摩人的背影和印第安人侧着的脸。

D. 巫婆的鼻子也是年轻女子的下巴。

E. 往右飞的隼和往左飞的野鹅。

F. 兔子的耳朵也是鸭嘴。

谢泼德桌面

斯坦福大学的心理学家罗杰·谢泼德创作了这幅幻觉图。虽然图是平面的，但它却暗示了一个三维物体。桌子边和桌子腿提供的感知提示，影响了眼睛对桌子形状的判断。

正方形的面积

既然是用最快的速度，那就是要用简便的方法，所以我们就不要去一步一步地算了。从下面的图形我们可以看出，中间的正方形的四个边分别连接着 4 个不完整的正方形，那么我们就要想办法将这 4 个不完整的正方形补齐。

首先我们先看一看多余的那几块三角形，原来，它们正好能补齐这 4 个不完整的正方形，如下图，那么，现在问题就很容易解决了！

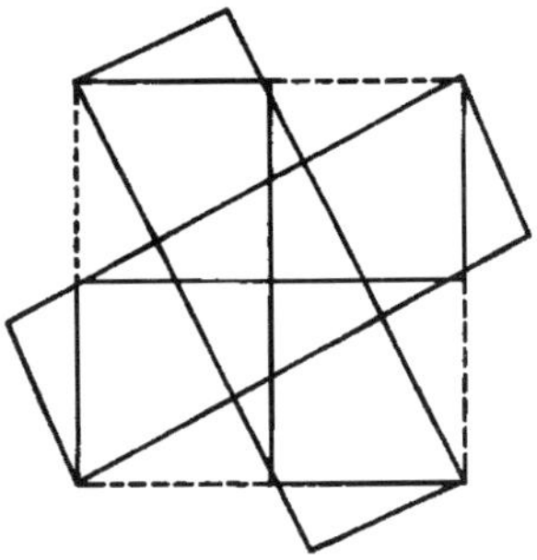

因此，中间正方形的面积是原来图形面积的 1/5，也就是 5 厘米。

隐藏的五角星

五角星的位置如下图所示。

遮住的波斯地毯

大地毯恰好遮住了小地毯的25%，具体如原图所示。因为大地毯的顶点正好放在小地毯的中心，所以，阴影部分是相等的。

相等面积

A、F两图形里的$S_{黑}=S_{白}$。

短针指向

用虚线标出短针的位置，就容易找到答案了。

图形组合

答案是B。

错位的眼睛

若用直尺测量会发现此人的眼睛并没有错位，是由于人类的视觉受到环境影响而产生的现象。

所罗门王三角图案

所罗门王画的图案中一共有31个不同的等边三角形。

一份恐怖密函

这位新来的助手将这份密函水平端起来，变换角度，斜斜地看着图形，发现了“HELLO”的字样。(HELLO：打招呼，你好之意)

第四部分

联想记忆法

联想是记忆的一种常见方法。所谓联想记忆法就是利用事物间的联系，由当前感知的事物想到有关的另一事物，或者由头脑中想起的一件事物，又联想到另一件事物。

研究表明：记忆的一种主要机能就是在各种切身经验中建立联系，思维中的联想越活跃，经验的联系就越牢固。如果能经常地形成联想和运用联想，就可以达到开拓记忆的目的。

联想有多种，如接近联想、类似联想、对比联想、因果联想，等等。本节训练就是通过这些形形色色的联想，来改善、增强、拓展你的记忆力，还等什么，赶快开始吧。

历史人物歇后语

以下每句“歇后语”中均用了历史上的人物名。请你将相应的人名分别嵌入每句的歇后语中。

1.（　　）做寿——全家都上。

2.（　　）行医——名不虚传。

3.（　　）断臂——留一手。

4.（　　）用兵——以一当十。

5.（　　）之心——路人皆知。

6.（　　）下棋——独一无二。

7.（　　）钓鱼——愿者上钩。

8.（　　）击鼓——贤内助。

9.（　　）用兵——虚虚实实。

10.（　　）斩（　　）——正人先正己。

11.（　　）削发——半路出家。

12.（　　）打仗——常胜。

13.（　　）上西天——一心取经。

14.（　　）吹笛——不同凡响。

15.（　　）挂帅——阵脚不乱。

16.（　　）做皇帝——短命。

17.（　　）搬家——尽是输（书）。

18.（　　）出家——一无牵挂。

19.（　　）上梁山——官逼民反。

20.（　　）打瞌睡——梦想荆州。

拓展系数：★★★☆☆

猜数学名词谜

1. 五四三二一。
2. 两边清点。
3. 岁岁重阳今又重阳。
4. 车站告示。
5. 待命冲锋。
6. 协议离婚。
7. 五角。
8. 员。
9. 保持距离，同时起飞。
10. 互盼。
11. 再见吧，妈妈。
12. 大同小异。
13. 一元钱。
14. 最高峰。
15. 七天七夜。
16. 彼此盘问。

你能写出这些谜底吗?

拓展系数：★★★☆☆

猜猜密码

电脑桌旁边的一面墙上有一些小的木柜子，平时可以放一些小东西，放的时候按照英文字母的排列顺序，如图所示，这个顺序能够提示记住密码。

你能猜出密码是什么吗?

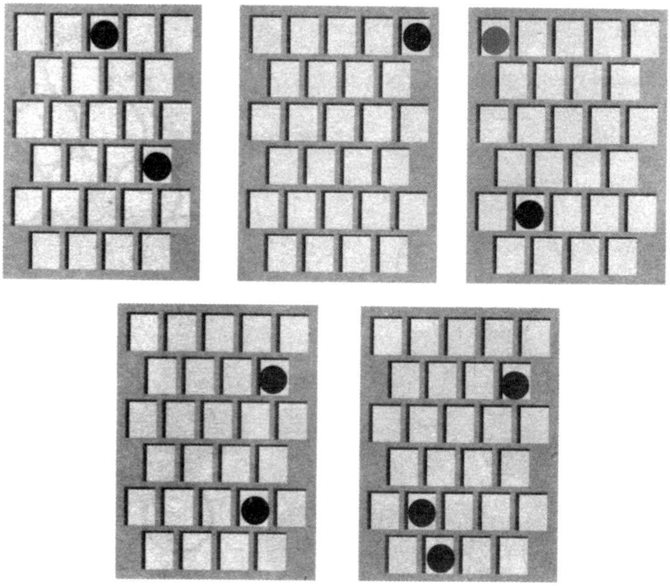

拓展系数：★★★★☆

创建密码

编写一组金库密码，例如左 1、右 5、右 9、左 4、右 3、左 6、左 8、右 2、左 7，在规定时间内记住它们，并准确无误地将它们背诵出来。

拓展系数：★★★☆☆

减少信息

在桌子上摆放一行物品：手表、铅笔、水杯、糖块、火柴棒、书、剪刀、积木、钥匙、报纸。

让你的同伴面对桌子观察 1 分钟，然后请他背对桌子说出每件物品的名称。

让同伴面对桌子观察 1 分钟，然后遮住同伴的眼睛，悄悄拿走铅笔、糖块、剪刀。给同伴解开眼罩，让他说出桌子上少了哪些物品。

拓展系数：★★★☆☆

复述数字

5

36

985

8 134

03 865

173 940

8 377 291

34 820 842

649 320 048

9 385 726 283

83 721 547 497

932 624 499 284

4 872 058 713 339

93 810 492 248 113

837 295 720 488 820

9 285 720 683 004 826

59 275 028 148 532 811

请你的朋友以正常说话的速度念一遍以上这些数字，然后你凭记忆依次一排排说出数字，看看你能记住多少数字。

拓展系数：★★★☆☆

与椅子有关的东西

请回忆出与“椅子”有关的东西，时间为3分钟。

1. 椅子有什么用？

2. 椅子是什么造的？

3. 椅子上有什么？

4. 椅子怎样到家里来的？

拓展系数：★★★☆☆

巧记圆周率

快速记住圆周率小数点后60位，3.141592653589793238462643383279502884197169399375105820974944

拓展系数：★★★☆☆

记书名

在规定时间内记住中国十大名著：

①《三国演义》；②《好逑传》；③《玉娇梨》；④《平山冷燕》；⑤《水浒传》；⑥《西游记》；⑦《琵琶记》；⑧《白圭志》；⑨《平鬼传》；⑩《绿云缘》。要求按名次记忆，不能颠倒顺序。

拓展系数：★★★☆☆

记忆寻物

看一遍下面的词，设法记住全部词。看完后盖上它们，按照它们出现的次序写出来。大约5分钟时间，然后对照书进行核对。

1. 花　8. 电脑　15. 书　2. 电灯开关　9. 猫

16. 糖果　3. 大门　10. 桌子　17. 杂志　4. 汽车

11. 拖鞋　18. 篮球　5. 手套　12. 鸡蛋　19. 游泳池

6. 枪　13. 熊猫　20. 香烟　7. 手机　14. 戒指

拓展系数：★★★☆☆

记忆历史事件

汉代的农民起义较大规模的有三次：一是公元 17 年发生的绿林起义；二是公元 18 年发生的赤眉起义；三是公元 184 年发生的黄巾起义。前两次发生在西汉，后一次发生在东汉。如何更好地记全这些历史事件？

拓展系数：★★★☆☆

记我国古代的圣人

文圣——春秋时代的孔子；

武圣——三国时代的关羽；

诗仙——唐代李白；

诗圣——唐代杜甫；

书圣——东晋王羲之；

画圣——唐朝吴道子；

医圣——东汉末年张仲景；

药王——唐朝孙思邈；

茶圣——唐朝陆羽；

建筑工匠的祖师——战国初期的鲁班

拓展系数：★★★☆☆

用联想法记忆地名

智利的首都“圣地亚哥”可记作：一个人的智力胜过他的弟弟不如哥哥，即“胜弟亚哥”。现在，你记住智利的首都名称了吗？

拓展系数：★★★☆☆

艺术果皮

假如把苹果皮按一定宽度连续削下来（中间不能断），并平放在桌面上，它应该是什么形状呢？

拓展系数：★★★☆☆

纸环想象

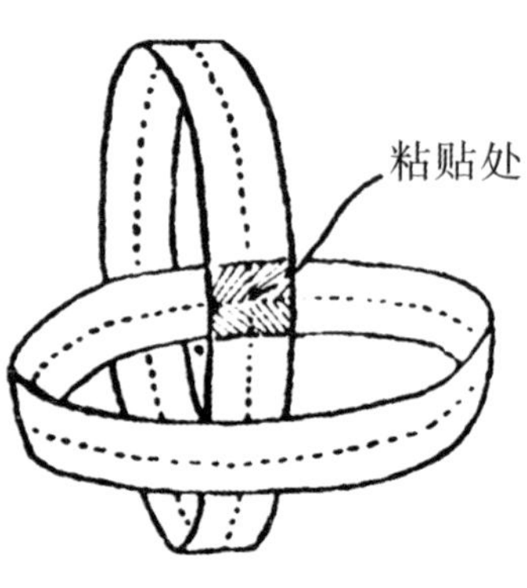

用两条宽度和长度相同的纸带做成两个圆环。把这两个圆环相互粘在一起，然后沿虚线剪开来，如下图所示。

请问：剪开之后的形状是什么样子？

拓展系数：★★★★☆

智解“申”字

甲写出“申”字，请乙解答：“申”字里包含多少个汉字？乙很快说出23个。即：一、二、三、十、工、土、士、王、干、丰、口、日、曰、田、由、甲、申、山、上、中、七、击、旧。然后乙得意地问甲：“我的回答全面吗？”甲只是点点头，没有回答。

请问，乙的回答全面吗？如果不全面，还有什么字？

拓展系数：★★★☆☆

“上”“下”之谜

有一天，孔子召集了几个得意门生，讨论一个问题。

子路说：“在上位，不为上，则为下。”

子夏说：“在下位，不为下，则为上。”

子贡说：“上则不在上，下则不在下。”

颜回说：“不可在上，岂宜在下。”

他们讨论的实际上是一个字，这是什么字？

拓展系数：★★★☆☆

加字得字

在下面各组四个字的中心填入一个适当的字，使其分别组成另外四个新字。

(1) 

(2) 

(3)  (4) 

拓展系数：★★☆☆☆

成语算式

下图是两盏数字灯，请你用适当的数字填空，使竖列的四个字组成成语、横排的数字组成正确的数学等式。

□ +	□ −	□ +	□ +	□ −	□ +	□ =	10
心	面	令	分	花	街	上	□
□ +	□ −	□ +	□ +	□ −	□ +	□ =	1
意	刀	申	裂	门	市	下	□

拓展系数：★★★☆☆

词语猜谜

（1）法国大革命。

（2）广播。

（3）塞纳河。

（4）建筑。

你能猜出与这四个词语有关的事物或概念吗？

拓展系数：★★★★☆

文字迷宫

下图是一个由 63 个字组成的文字迷宫。要求将“起点”作为入口、“终点”作为出口，所走的相邻两个字能连成一个词，且只能横走或竖走，不可斜走。

识	常	平	面	起	来	朝
居	住	和	面	点	头	脑
言	格	体	字	数	回	袋
论	乐	气	活	生	信	心
文	章	品	物	书	念	境
句	节	省	国	者	作	界
展	笔	亲	名	景	风	雨
开	始	终	最	色	船	量
眼	目	点	要	纸	鱼	类

请问：怎样才能走出这个迷宫？

拓展系数：★★★★☆

成语接龙

下面是由 60 个汉字组成的成语迷宫，以“山”字作为入口，以“福”字作为出口。要求每四格为一成语，且上一成语的词尾与下一成语的词头是同一个字；可上下左右走，不可重走和斜走。

请问应该如何走？

入口

出口

拓展系数：★★★☆☆

地名和成语

			上	海							合	肥			
			天	津							南	昌			
			河	北							福	州			
			长	春							长	沙			
			西	安							南	宁			
			西	宁							广	州			
			济	南							贵	阳			

图中上海、合肥等 14 处是我国直辖市、省和省会名。请在左右空格里填上适当的字，与露面的字相连、相和、相接，使之成为 28 条常用成语。

拓展系数：★★★☆☆

看图猜成语

根据下图，说出两个恰当的成语。

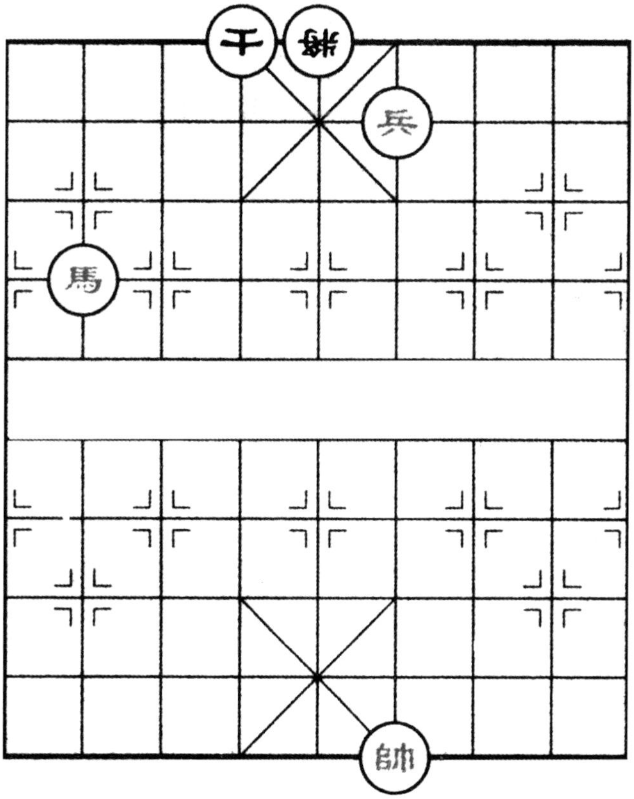

打两个成语

拓展系数：★★★☆☆

看图猜地名

根据下图，说出两个符合题意的地名。

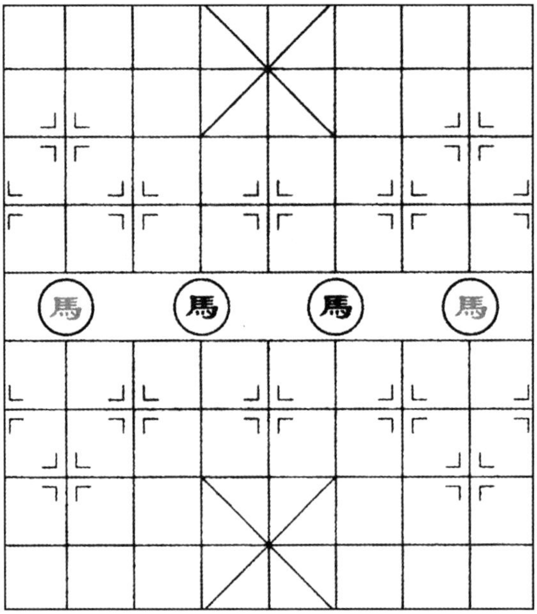

拓展系数：★★★☆☆

翻动的积木

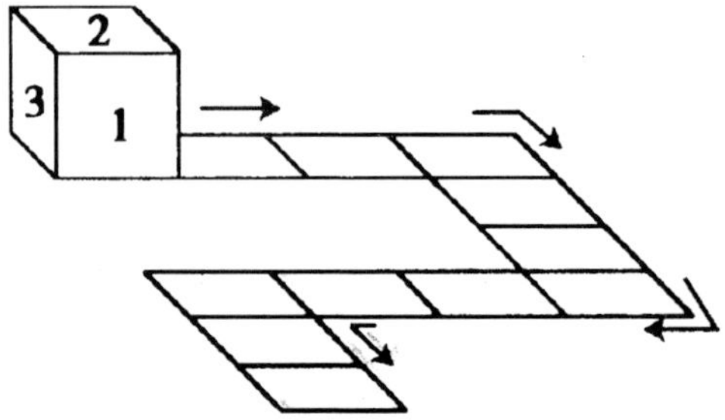

下图中是一块正方体的积木，积木的各个面上分别标着 1～6 六个数字。

1 的对面是 6，2 的对面是 5，3 的对面是 4。如图所示，如果沿着箭头指引的方向翻动这块积木，那么，最后朝上的一面是几？

拓展系数：★★★★☆

宝石的轨迹

1. 如果把边缘镶有一颗宝石的轮子放在一个平面上（如图 1 所示），并使轮子在平面上滚动起来，那么，宝石在轮子滚动时留下的轨迹是什么样子的呢？

图 1

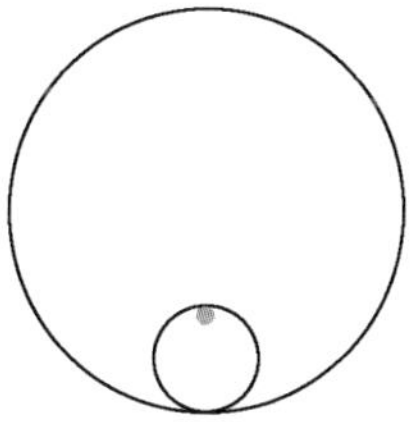

图 2

2. 如果让镶有一颗宝石的轮子在大铁圈内侧滚动（如图 2 所示），宝石在轮子里滚动时留下的轨迹是什么样子的呢？

拓展系数：★★★☆☆

孔子猜谜

有一天，孔子到乡村去讲学，走累了，就在一口水井边休息。这时候，有个老农挑着一副担子，也来到水井边休息。老农站在井边，把扁担搁在井口上，然后问孔子："我有一个字想请教先生。"孔子问："是哪个字？"老农说："就是我的动作呀！"孔子看了看，马上就笑着说："这很简单，井口搁一条扁担，当然是'中庸'的'中'字啊！"那老农也大笑说："先生是见物不见人，你猜错啦！"孔子认真一想，发现自己确实错了。

请问这是什么字呢？

拓展系数：★★★☆☆

考核管家

这天，老管家就要走了，他将结好的账准备交给来接手的新管家。他们二人刚交接完，王员外走了进来，坐在新管家搬过来的椅子上，他说："你是新来的，那我出道题考考你，让老管家帮忙看看，你合格当管家管账不？"随手将老管家的毛笔往算盘上一放，"古人留下一座桥，一边多来一边少。少的要比多的多，多的反比少的少。"

新管家听完，恭恭敬敬地答道："老爷，是这样的：五男二女分家，打得纷乱如麻。欲问何时了结，直到清明方罢。"

说完，老管家马上向员外说道："恭喜老爷！合格，合格。"

请猜猜，他们说的是什么？

拓展系数：★★★☆☆

旅游城市

甲旅游回来后，乙问他都去了哪些地方。甲说："海上绿洲，风平浪静，银河渡口，巨轮启动，不冷不热的地方，四季花红。"一开始，乙有些摸不着头脑，不知道甲究竟到过哪里。经反复琢磨，乙终于猜出了甲到过的 6 座城市。

甲去了哪 6 座城市呢？

拓展系数：★★☆☆☆

信息石子

1989 年，我国考察船驶到了南极。无边无际的冰原里找不到陆地。正在发愁时，捉到了一只企鹅，宰杀时发现企鹅嗉囊里有一块石子，考察队员高兴地喊了起来："找到陆地了。"

为什么说找到陆地了？

拓展系数：★★★☆☆

猜地名

地理课上，老师出了 8 个谜语，要求每个谜语打一个地名：日落西山、四季花开、海山绿洲、风平浪静、一路平安、大戈壁、夏天穿皮袄、航空信。这都是哪 8 个地名呢？

拓展系数：★★☆☆☆

数字镶边谜

“数字镶边谜”是一种诗体字谜，即每句诗的第一个字都是数字，而且语义都与谜底相关。下面是一则我国古代传统数字镶边谜，打十个字，谜面复杂，谜底却十分简单。你猜猜看。

一分为二，
二人上天，
三颠四倒，
四人在下，
五人并坐，
六斤差点，
七进家门，
八把尖刀，
九个窟窿，
十有八九。

拓展系数：★★☆☆☆

以谜对谜（一）

宋代有个大文人名叫黄庭坚，他 7 岁的时候就会写诗，后来名气越来越大。史学家司马光想请黄庭坚来做他的助手，便邀请他来家里做客，实际上是要考考他。

和黄庭坚聊天时，司马光随口念了两句诗谜“荷花露面才相识，梧桐落叶又离别。”黄庭坚马上挥笔，也写了一首诗谜：“有户人家没有墙，英雄豪杰内中藏。有人看他像关公，有人说是楚霸王。”司马光一看，连声说好。

你能猜出这两则谜语的谜底是什么吗？

拓展系数：★★★☆☆

以谜对谜（二）

明末清初，江苏才子吴亮与友人尤安同游山水。吴亮出上联：“卧也坐，行也坐，立也坐，坐也坐”，要尤安猜一田间小动物。尤安对下联：“坐也卧，行也卧，立也卧，卧也卧。”且说：“我的谜能吃掉你的谜。”你能猜出这两种小动物吗？

拓展系数：★★☆☆☆

物中谜，谜中物

有一天，苏东坡正闲着，他的好朋友王安石来拜访，两人聊了一会儿，又有一位好朋友陈季常也来了。苏东坡可高兴啦，连忙叫人摆开酒席，三个好朋友一边喝酒一边聊天。

三个好朋友都有一个爱好，就是猜谜。所以，聊不了一会儿，话题就转到了猜谜上面。苏东坡说：“我昨天刚造了一个谜，你们猜猜看：脸儿亮光光，放在桌子上。你俩跑过来，请它留个像。”陈季常听了，也开口念道：

“你对我笑，我对你笑，我也寻你，你不见了。”王安石紧接着吟起来：“我哭你也哭，我笑你也笑，要问它是谁，咱仨都知道。”话音刚落，三人都哈哈大笑起来。

“咱仨都知道”的它，到底是什么东西呢？

拓展系数：★★☆☆☆

李子是苦的

6月时节，王戎和小伙伴在捕捉昆虫。忽然看见路旁边有一棵李子树，那紫红色的李子压弯了树，一看就知道熟了。小伙伴竞相跑去摘。王戎却站在那里，一动不动。有人问他：“王戎，人家都抢着去摘李子，你为什么不去？”王戎说：“李子是苦的。”话音刚落，那些摘李子的小伙伴都离开了李子树往回跑，让李子苦得直咧嘴，有的人把李子往地下摔。李子真的是苦的。

你想一想，王戎是怎样知道李子是苦的？

拓展系数：★★☆☆☆

秀才猜谜

几个秀才相聚一起，玩字谜游戏。

张秀才先说道：“唐虞有，尧舜无；商周有，汤武无；古文有，今文无。”王秀才马上猜中说：“听者有，看者无；跳者有，走者无；高者有，矮者无。”李秀才听了接口道：“善者有，恶者无；智者有，蠢者无；嘴上有，手上无。”赵秀才也脱口说：“右边有，左边无；后面有，前面无；凉天有，热天无。”刘秀才也高兴地接下去：“哭者有，笑者无；骂者有，打者无；活者有，死者无。”说完，几位秀才发出会心大笑。

你知道他们说的是什么字吗？

拓展系数：★★☆☆☆

包公断案

两个妇女为争夺一个不满周岁的小孩来找包公打官司。她们都说孩子是自己的儿子，并把孩子的生辰八字，相貌特征说得头头是道。包公在公堂上划了一个圆圈，把孩子放在圈中，然后对两个妇女说："现在你们各站一边拉这个孩子，谁拉过去就算是谁的。"当孩子大哭起来的时候，一位妇女忽然松了手，另一妇女还在拉。包公说："不要拉了，我知道这孩子是谁的了！"

包公是怎样知道孩子的母亲的？

拓展系数：★★☆☆☆

苏轼对谜

苏轼是北宋时期的大文学家，他有个弟弟叫苏辙，在文坛也颇有造诣。他们经常一起游览风景，交流诗文。一个冬天的晚上，下了一夜大雪，早上兄弟俩起床后发现大雪把天地都映白了。

看到了这样的美景，他们兴奋地骑上马，在雪上尽情驰骋。他们来到一座山坡前，苏轼不禁吟了一句："雨余山色如浑如睡。"苏辙听了，知道这是一个字谜，也即兴做了一首诗："此花自古无人栽，一夜北风遍地开。近看无枝又无叶，不知何处长出来。"苏轼一听，马上夸奖说："果然不错啊。"那么，你知道苏轼兄弟二人说的都是什么吗？

拓展系数：★★★☆☆

唐伯虎卖画

唐伯虎在西湖边上开了一个画廊，这一天，画廊里又挂出了一幅画，画面上是一个人牵着一只狗，在西湖边散步。

唐伯虎对着众人宣布："这是一幅字谜画，谁要是能猜出答案，这幅画就白送给他。”大家一听，都皱起眉头苦苦思考起来。忽然，有一个年轻人跑上前，一下子趴在地上，大家正感到奇怪呢，唐伯虎却大笑起来，然后把画取下来，送给了年轻人。为什么年轻人趴在地上，唐伯虎就把画送给他了呢？

拓展系数：★★☆☆☆

冯梦龙宴客

明朝著名的文学家冯梦龙，不喜欢升官发财，而是把全部的精力都投入了文学创作。另外，冯梦龙还特别喜欢谜语。

有一年夏天，冯梦龙起床后，发现后院的桃花盛开了，正在这时，有一位姓李的朋友来拜会。冯梦龙便开玩笑说：“桃李杏春风一家，既然您来了，我们就到后院去，一面喝酒，一面赏看您本家吧！”他们来到后院，冯梦龙忽然想起忘了一样东西，就对书童说：“你快去拿一件东西，送到后院来。”书童问：“是什么东西呢？”冯梦龙随口就造了一个谜：“有面无口，有脚无手，又好吃肉，又好吃酒。”书童愣在那儿，猜不出应该去拿什么。你猜出来了吗？

拓展系数：★★★☆☆

郑板桥题匾

清乾隆年间，有一个充当衙门走狗的土财主，他虽然胸无点墨，却爱附庸风雅。有一天，他请郑板桥为自己题字。

依郑板桥的脾气，即使那个财主搬一座金山来，他也不会为财主写一个字。但这一次，郑板桥却欣然应允，提笔写了“雅闻起敬”四个大字。郑板桥题字前提了一个条件，那就是制匾时，对其中的第一个、第三个、第四个字只漆左边，对第二个字“闻”则只漆“门”这个部首。

听说郑板桥肯为自己题字，土财主高兴极了，想也没想便答应了郑板桥的要求。

门匾很快挂起来了。但挂的时日不多，财主就不得不把它摘下来，因为匾上的四个字已成为讽刺他的一句话。

你知道其中的奥秘吗？

拓展系数：★★★☆☆

郑板桥出谜

有一天，郑板桥路过一座学堂，有个学生看他穿着布衣草鞋．还以为是个老农民，就傲慢地问："我问你，你会写诗吗？"郑板桥说："我不光会写诗，还会出谜呢！"他看到学堂旁边是厨房，里面有一样东西，就当场吟了一首咏物诗："嘴尖肚大个不高，放在火上受煎熬。量小不能容万物，二三寸水起波涛。"郑板桥咏的是什么东西呢？

拓展系数：★★★☆☆

曹雪芹解谜

清代有个文学家，名字叫曹雪芹。有一天他正在散步，忽然看见有个女子，一边走一边哭，便去问原因。原来，她的婆婆受坏人挑拨，经常打她骂她。这次她要回娘家，婆婆就故意刁难她，要她带一样东西回来，否则不能进门。

婆婆要的东西，藏在一个谜语里："大圆球，满天红，里面住条小火虫，白天火虫睡人觉，晚上火虫闹天宫。"媳妇怎么也猜不出来，急得哭了。曹雪芹安慰了媳妇，告诉她谜底，还教她一个新谜语。媳妇回到婆家，对婆婆说："你要的东西我带回来了，它是：打我我不恼，背后有人挑，心里似明镜，照亮路一条。"婆婆一听，媳妇不仅猜出了谜底，还通情达理，知道是自己委屈她了。你知道这样东西是什么吗？

拓展系数：★★☆☆☆

题字喻客

著名书画家齐白石晚年时，每天都有很多人来拜访他，这使他总是没有足够的时间休息，很是烦恼。后来，齐白石想出了一个好办法。

有一天，几个学生又来拜见齐白石。他们刚想敲门，却看见门上写着一个“心”字。他们觉得奇怪：这个“心”字是什么意思呢？这时，有一个学生忽然说：“我明白啦！”说着，他连门也没敲，拉着同伴就离开了。第二天，他们又来到齐白石家门前，只见门上换了一个“木”字。大家高兴极了，马上敲门进去，拜见了齐白石。

你知道学生们为什么那样做吗？

拓展系数：★★★☆☆

发火的过路人

一个人赶着毛驴拉的货车，怎么也上不了坡。一位过路的人自动上前帮着推上了坡。赶车的人激动地说：“太感谢您了！要不是您帮忙，一头毛驴实在没法拉车上坡！”过路的人听后反而生气发火了。

这是为什么？

拓展系数：★★☆☆☆

八仙过八江

“八仙过海，各显神通”，但是他们这次却是逛了八条江河，七仙女见他们兴高采烈的，便问他们都到了哪些地方。

吕洞宾说：“自古情思齐天地。”铁拐李说：“红豆初发难知秋。”张果老说：“世民泼墨勤书法。”汉钟离说：“两岸放青牧鸭忙。”曹国舅说：“昨夜浊梦匆匆去。”韩湘子说：“今朝清歌玉盘妆。”蓝采和说：“含苞欲放千姿美。”

何仙姑说："洛阳一开百花羞。"

你能说出这八条江的名字吗？

拓展系数：★★☆☆☆

接货时间

S市公安局截获了一份神秘的电文："朝：货已办妥，火车站交接"。经过周密分析，认定这是一伙犯罪分子在进行一项秘密交易。公安局立即召开会议，决定抓获这批犯罪分子。可是这份电文只有接货地址，没有接货的具体时间，使破案无从着手。

警长沉思片刻后，向大家说出罪犯的接货时间。根据警长的判断，果然在这天破获了一个大走私集团。你能破译这份电文吗？

拓展系数：★★☆☆☆

奇怪的电报

某县是全国有名的产粮大县。不久前，第八粮库中有一批大米被盗。县公安局的侦察员在破案的过程中，发现邮局里有人拍了一份电报，电文仅仅是"1、2、6、3"四个数字。侦察科长李德华分析情况后，立即布置了暗哨。终于将盗窃分子一网打尽。

你知道侦察科长是怎样发现线索的吗？

拓展系数：★★☆☆☆

猜哑谜

新春游艺会上，主持人请大家用封好口的一封信猜哑谜，并要求猜谜的人不准说话，做两个动作，猜一个成语和中国的一个地名。大家思考了一会儿，站在后排的小张分开人群，走到桌子前面，拿起信并撕开封口。主持人看了说："小张猜对了。"

他猜出的成语和地名是什么？

拓展系数：★★☆☆☆

符号谜语

＋　－　×　÷

打一字。

拓展系数：★★★☆☆

乘法等式字谜

18×6＝？

打一字。

拓展系数：★★★☆☆

除法等式字谜

1. ？÷森＝3

打一字。

2. 多多多多÷2＝？

打一字。

拓展系数：★★★☆☆

数字成语谜

1．510

打一成语。

2．333555

打一成语。

3．12345609

打一成语。

4．1256789

打一成语。

5．23456789

打一成语。

拓展系数：★★☆☆☆

图文成语谜

打一成语。

拓展系数：★★★☆☆

加法等式成语谜

1．9 寸＋1 寸＝1 尺

打一成语。

2．7 分＋8 分＝1000 元

打一成语。

拓展系数：★★☆☆☆

乘法等式成语谜

1. $1\times x=x$

打一成语。

2. $1\times 1=100$

打一成语。

3. $1000^2=100\times 100\times 100$

打一成语。

拓展系数：★★★☆☆

除法等式成语谜

1. $1/2$

打一成语。

2. $2/2=1$

打一成语。

3. $7/2=3.5$

打一成语。

拓展系数：★★★☆☆

答案及提示

历史人物歇后语

1. 郭子仪
2. 华佗
3. 王佐
4. 孙武
5. 司马昭
6. 赵匡胤
7. 姜太公
8. 梁红玉
9. 诸葛亮
10. 包公　包勉
11. 杨五郎
12. 赵子龙
13. 唐僧
14. 韩信
15. 穆桂英
16. 袁世凯
17. 孔夫子
18. 鲁智深
19. 林冲
20. 周瑜

猜数学名词谜

1. 倒数；2. 分数；3. 循环节；4. 乘法；5. 等号；6. 约分；7. 半圆；8. 圆心；9. 平行；10. 相等；11. 分母；12. 近似值；13. 百分数；14. 顶点；15. 周长；16. 互质。

猜猜密码

密码是 CREATIVITY，如图所示。

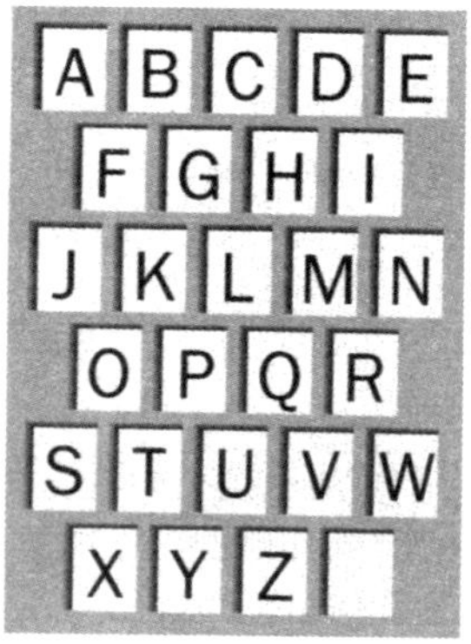

创建密码

我们可以用颜色来区分左和右，可以用形似的物体来代表数字，通过联想建立起鲜活物体与枯燥数字的联系，这样，记忆起来就好多了。

减少信息

对于这样的零散物品，最好的记忆方法就是“故事记忆法”，把你看到的东西用故事的形式串联起来。

复苏数字

记忆数字时要发挥你的想象力，可以利用数字的谐音或形状联想记忆。

与椅子有关的东西

答案略。

巧记圆周率

我们可以用两种方法记忆。前30位，用一个小故事记忆：山巅一寺一壶酒，尔乐苦杀吾，把酒吃，酒杀尔，杀不死，溜尔溜死，扇扇吧，扇尔吃酒。后30位可用编码法记忆。

第30～40位可记为：武林（50）中自己的儿子爬（28）上巴士（84），取药酒（19），去救一名党员（71）。

第40～50位可记为：遛狗（69）的时候遇到一个卖胃药（39）的人，用一把旧伞（93）欺负（75）一个只会说“是”（10）的人。

第50～60位可记为：我爸（58）用耳朵（20）去香港（97）换了一条死狗（49），这是一个事实（44）。

记书名

首先准备一套定位词，①头顶，②眼睛，③耳朵，④口，⑤手，⑥胸，⑦背，⑧臀，⑨膝，⑩脚。

然后可记为：我头上①顶着三支锅《三国演义》，在看②一场精彩的球赛（《好逑传》），耳朵③上挂着三个玉做得非常娇美的梨（《玉娇梨》），但那梨太硬不能吃，吃④的是平山产的冷炒燕窝（《平山冷燕》），手⑥上挂着一把水壶（《水浒传》），胸⑥前抱着（《西游记》），背⑦上背着一只琵琶（《琵琶记》），膝⑧盖上爬着一只白色的乌龟（《白圭志》），屁股⑨下被我坐平了的是一个转来转去的鬼（《平鬼传》），脚⑩下踏着绿色的祥云（《绿云缘》），真是优哉游哉。

记忆寻物

答案略。

记忆历史事件

这三次起义的时间可以用对比法来记，最令人头痛的是起义名称的先后顺序容易搞混。为此，可采用联想记忆法来记忆。这三次起义的名称都有颜色，即绿、红、黄，可与枫叶联系起来。枫叶春夏时绿，秋天变红，冬天变黄。

记我国古代圣人

答案略。

用联想法记忆地名

答案略。

艺术果皮

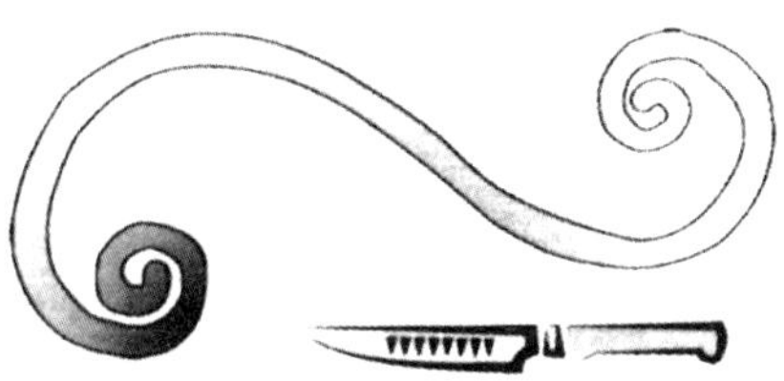

解答这一问题时，我们不可能拿一个苹果来现场做实验，因为那样太浪费时间了，而且达不到锻炼思维的目的。在这种情况下，只能充分发挥我们的想象力了。

纸环想象

剪开后是一个正方框，形状如下图所示。

智解“申”字

乙的回答还不全面。还有一个“古”字，一共24个字。

“上”“下”之谜

谜底是个“一”字。

加字得字

（1）田（畜、里、略、男）；（2）虫（虾、烛、蜡、蛊）；（3）火（煲、耿、炉、灯）；（4）木（架、林、杜、桔）。

成语算式

竖列答案：一心一意、两面三刀、三令五申、四分五裂、五花八门、六街三市、七上八下、十寒一曝。

横排等式：

1＋2－3＋4＋5－6＋7＝10

1＋3－5＋5＋8－3－8＝1

词语猜谜

埃菲尔铁塔。

埃菲尔铁塔原为庆祝法国大革命（1789年）100周年举办的博览会而建造，符合（1）的描述；1951年，铁塔顶层增设广播天线，兼用于广播事业，符合（2）的描述；埃菲尔铁塔位于巴黎塞纳河左岸，符合（3）的描述；埃菲尔铁塔是巴黎的标志性建筑之一，符合（4）的描述。

文字迷宫

起点—点头—头脑—脑袋—袋口—口信—信念—念书—书生—生活—活字—字体—体格—格言—言论—论文—文章—章节—节省—省亲—亲笔—笔展—展开—开始—始终—终点

如图。

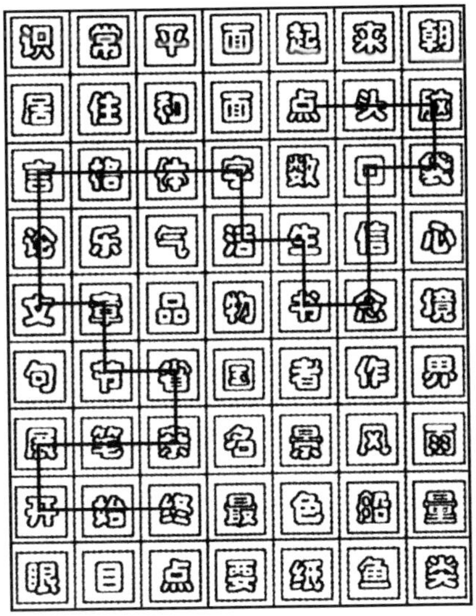

成语接龙

山穷水尽—尽力而为—为人师表—表里如一—一鸣惊人—人定胜天—天长地久—久别重逢—逢凶化吉—吉人天相—相安无事—事出有因—因祸得福。

地名和成语

后来居上　海外奇谈　志同道合
肥田沃土　人定胜天　津津乐道
海北天南　昌明大义　气壮山河
北讨南征　作威作福　州官放火
源远流长　春风化雨　语重心长
沙里淘金　声东击西　安邦治国
坐北朝南　宁死不屈　文东武西
宁为玉碎　见多识广　州如斗大
同舟共济　南征北战　荣华富贵
阳关大道

看图猜成语

两成语是：兵临城下，马到成功。

看图猜地名

罗马、河内（别解为：把棋子“马”网罗于“河界”之内。）

翻动的积木

最后朝上的一面是5。

宝石的轨迹

1. 答案如下图。

2. 答案如下图。

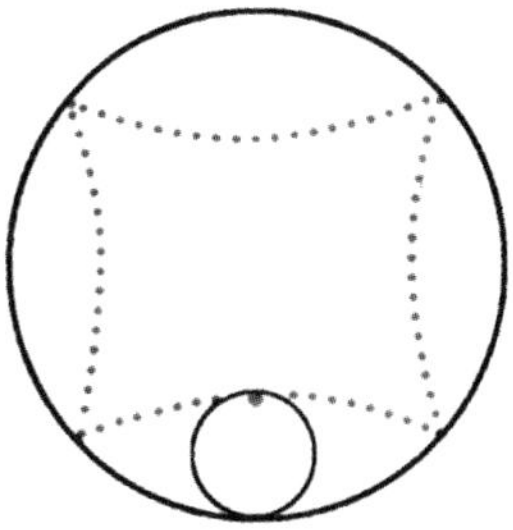

孔子猜谜

提示很明显了，是个“仲”字。

考核管家

他们说的是算盘。

旅游城市

青岛、宁波、天津、上海、温州、长春。

信息石子

因为企鹅潜水本领不大。它嗉囊里的石子，不可能是从海底衔上来的。唯一的可能是附近有陆地，在那里吃的石子。

猜地名

这八个地名分别是：洛阳、长春、青岛、宁波、旅顺、长沙、武汉、高邮。

数字镶边谜

丫、夫、汨、署、伍、兵、它、分、究、杂。

以谜对谜（一）

两人所说的都是扇子。司马光说的是扇子的使用时间。黄庭坚诗句中提到的关羽、项羽，都是羽，羽在户下边，就是“扇”。

以谜对谜（二）

吴亮的谜语是青蛙，尤安的谜语是蛇。

物中谜，谜中物

谜底是镜子。

李子是苦的

李树长在路边，结了那么多果子，要是不苦，早就叫人吃光了。

秀才猜谜

答案是个“口”字。

包公断案

由那个松手的妇女可想到做母亲的心疼孩子，才有如此举动，由此判断出孩子的真正母亲。

苏轼对谜

“雨”的下面“山”倒了，就是一个“雪”字。

唐伯虎卖画

画上的一人一犬正好是个“伏”字。年轻人一下子趴在地上，也是一个“伏”。唐伯虎佩服年轻人才思敏捷，就以画相赠。

冯梦龙宴客

冯梦龙要的是酒桌。

郑板桥题匾

按郑板桥的要求漆完后，“雅闻起敬”四个字就成了“牙门走苟”，就是“衙门走狗”的谐音。

郑板桥出谜

郑板桥咏的是水壶。

曹雪芹解谜

女子的婆婆要的是灯笼。

题字喻客

门上写“心”字，就是“闷”字，表示主人心情不好，不想被打扰。门上写“木”字，就是“闲”字，表示主人现在闲着，可以接待来客。

发火的过路人

过路人由赶车人的话联想到自己被赶车人当作第二头毛驴。

八仙过八江

这八江分别是：长江、嫩江、黑龙江、鸭绿江、浑江、珠江、松花江、牡丹江。

接货时间

“朝”拆开为“十月十日”，又有早晨之意，所以老王判断，接货时间为“十月十日早晨”。

奇怪的电波

“1、2、6、3”即可唱成“都来拉米”。

猜哑谜

信手拈来；开封。

符号谜语

坟。

乘法等式字谜

校。

除法等式字谜

1. 杂。

2. 罗（“八个夕”的一半是“四个夕”，扣合为“罗”字）。

数字成语谜

1. 一五一十
2. 三五成群
3. 七零八落
4. 丢三落四
5. 缺衣少食

图文成语谜

乐在其中。

加法等式成语谜

1. 得寸进尺
2. 一刻千金

乘法等式成语谜

1. 一成不变
2. 以一当十
3. 千方百计

除法等式成语谜

1. 一分为二
2. 合二为一
3. 不三不四

第五部分

谐音记忆法

所谓谐音记忆法就是借助谐音，把有些知识按照其他同音汉字去理解，使原来无意义的音节变成有意义的词句，使之生动有趣，提高对所记内容的兴趣，或者赋予材料以引人入胜的意义，加强大脑皮层的兴奋度，从而收到简便记忆而经久难忘的效果。

巧记物理公式

“大不了，又挨踢”“爱神丘比特”可以说明两个物理公式，你知道是指哪两个吗？

拓展系数：★★★☆☆

巧记不等式解集

$|x|>a$ 的解集：$x>a$ 或 $x<-a$；

$|x|<a$ 的解集：$-a<x<a$。

可用谐音法记作：“大鱼取两边，小鱼取中间”。同时联想到吃大鱼只吃两边的肉，吃小鱼掐头去尾只吃中间。你记住了吗？

拓展系数：★★☆☆☆

关于马克思

“一爬一爬，一爬爬上山”是关于马克思的一件事的谐音口诀，你知道具体指什么吗？

拓展系数：★★★☆☆

关于八国联军（一）

八国联军进北京，正赶上光绪皇帝的亲爸爸——慈禧要死，喝了两瓶药酒没顶用。你知道这是什么意思吗？

拓展系数：★★★☆☆

关于八国联军（二）

根据“鹰日夜咬我，没得法”写出八国联军的国家名。

拓展系数：★★★☆☆

新文化运动

根据“葫芦里盛菜”写出新文化运动的代表人。

拓展系数：★★★☆☆

刘志丹生卒年

刘志丹是栋梁（02），战死在山路（36）上。从这句话你可以推断出刘志丹的生卒年吗？

拓展系数：★★★☆☆

太平天国永安封王

有人把太平天国的五王记作“东洋消息，云南北纬有一块小石头”，你觉得贴切吗？

拓展系数：★★★☆☆

有趣的词

（1）假设——假射——假装射球；

（2）评价——放苹果的架子；

（3）自下而上——走楼梯；

（4）结论——结轮——树上结的不是果实是轮子；

（5）思维变迁——思维变钱——人变魔术，思考一下，头脑中就变出钱来

拓展系数：★★★☆☆

记数字密码

请尝试以最快的速度翻译这些爱的数字密码。

019425，02825，03456，0451392，04517，04527，04535，04551，0456，04567，0457，045692，0487，0487561，0564335，0594184，065，6537

拓展系数：★★★☆☆

记电话号码

朋友甲和乙在一家服装店门口分手回家，约好明天一起看电影，为了方便联系互换了电话号码。甲说：“我家的电话号码很好记，你记住‘二流子一天三两酒’就行了。”乙笑着指着一间衣服说：“这件衣服虽然少点派，但我就是要。”然后就走了，留下一头雾水的甲。你知道他们的电话号码各是多少吗？

拓展系数：★★★☆☆

吃酒和宇宙速度

看下面的对话，写出宇宙速度的数值，你能想到么？

“吃点酒吗？”

“要一点儿，另外，还要留点吃。”

拓展系数：★★★☆☆

英国的历史事件

一路把酒欢歌，共庆君主立宪制度确立；英国工业资产阶级摇着一把扇儿去参加议会大选。这句话暗含英国历史上两件重要的事件，你知道吗？

拓展系数：★★★☆☆

复述数字

请你的朋友以正常说话的速度念一遍下图这些数字，然后你凭记忆依次一排排说出数字，看看你能记住多少数字。

拓展系数：★★★☆☆

5
36
985
8 134
03 865
173 940
8 377 291
34 820 842
649 320 048
9 385 726 283
83 721 547 497
932 624 499 284
4 872 058 713 339
93 810 492 248 113
837 295 720 488 820
9 285 720 683 004 826
59 275 028 148 532 811

谐音咒语

从前有个爱喝酒的私塾先生，一天他给学生们布置了一个任务：背一长串数字，并宣布放学前考试，背不出不得回家，说罢就走了。学生们看着一长串的数字个个愁眉苦脸。一些学生摇头晃脑地背起来，还有一些顽皮的学生揣好题单，溜出私塾，跑上后山去玩。

忽然，他们发现先生正与一个和尚在山顶的凉亭里饮酒作乐，就扮着鬼脸，钻进了林子。夕阳西下，老师酒足饭饱，回来考学生。那些死记硬背的学生结结巴巴、张冠李戴，而那些顽皮的学生却背得清脆圆顺，弄得老师莫名其妙。

原来，在林子里玩耍时，有个聪明的学生把要背诵的数字编成了谐音咒语："山巅一寺一壶酒，尔乐苦煞吾，把酒吃，酒杀尔，杀不死，遛尔遛死，扇扇刮，扇耳吃酒。"一边念，一边还指着山顶做喝酒、摔死、遛弯、扇耳光的动作，念叨了几遍，终于都把它记住了。你知道私塾先生让同学们背的是什么数字吗？

拓展系数：★★★☆☆

孙膑担柴

鬼谷子教了两个弟子：孙膑和庞涓。一天，鬼谷子让他们每人一天拾回"百担榆柴"。

第二天，庞涓一大早就上山去了，他拼命劳作，到天黑才砍了 99 担榆柴。孙膑却从从容容地吃了早饭，背了些书，在山上找了个僻静地方读起来。直到天色晚了，才收拾起书，砍了一根粗柏树枝做扁担，又砍了两捆榆枝，挑着下山了。

鬼谷先生却夸奖了只砍了一担柴的孙膑，这是为什么？

拓展系数：★★☆☆☆

答案及提示

巧记物理公式

大不了，又挨踢——电的公式 W＝Uit；爱神丘比特——电流强度公式 I＝Q/t。

巧记不等式解集

答案略。

关于马克思

指马克思生于 1818 年，逝世于 1883 年。

关于八国联军（一）

八国联军 1900 年 8 月 14 日进北京。光绪皇帝的亲爸爸——慈禧要死，即爸要死（8 月 14 日），两瓶即两“0”，药酒即“19”，合起来为 1900。

关于八国联军（二）

八国联军中的八国：鹰（英国）日（日本）夜（意大利）咬（奥匈帝国）我（俄国），没（美国）得（德国）法（法国）。

新文化运动

葫——胡适，芦——鲁迅，里——李大钊，盛——陈独秀，菜——蔡元培。

刘志丹生卒年

刘志丹生于 1920 年，死于 1936 年，这句话正符合刘志丹是无产阶级革命家，在战斗中不幸牺牲的史实。

太平天国永安封王

贴切。太平天国在永安封王建制，东王杨秀清、西王肖朝贵、南王冯云山、北王韦昌辉、翼王石达开，分别取其中的一个字，再根据谐音，东杨（东洋）肖西（消息）云南北韦（纬）翼石（一石），连在一起就是：“东洋消息，云南北纬有一块小石头”。

有趣的词

答案略。

记数字密码

你依旧是爱我，你爱不爱我，

你相思无用，你是我一生最爱，你是我氧气，你是我爱妻，你是否想我，你是我唯一，你是我的，你是我老妻，你是我妻，你是我的最爱，你是白痴，你是白痴无药医，好无聊时想想我，你我就是一辈子，原谅我，你惹我生气。

记电话号码

甲的电话号码是 2641329，乙的电话号码是 3145941（少点派即 π=3.14 变通为 314）。

吃酒和宇宙速度

第一宇宙速度 7.9km/s

第二宇宙速度 11.2km/s

第三宇宙速度 16.7km/s

英国的历史事件

1689 年颁布《权利法案》，标志着君主立宪制确立。1832 年英国议会改革，工业资产阶级可以参与议会选举。

复述数字

记忆数字时要发挥你的想象力，可以利用数字的谐音或形状联想记忆。

谐音咒语

是圆周率小数点后 30 位，3.141592653589793238462643383279。

孙膑担柴

“百”与“柏”同音，鬼谷子说的“柏担榆柴”，而不是“百担榆柴”。

第六部分

比较记忆法

比较记忆法就是对相似而又不同的识记材料进行对比分析，弄清以至把握住它们的差异点与相同点，用以进行记忆的方法。比较的方法、形式不拘一格，但要注意遵守两项基本原则：一是同中求异，即在识记材料共同点外尽量找出其不同点来。二是异中求同，即在识记材料不同点外努力找出它们的相同或相似点来。

找数字

甲提来一块黑板，黑板上画着两张图表。甲对乙说：“你在图 1 里面任意记住一个数字，告诉我它在第几行，再告诉我图 2 里它是第几行，我就可以知道它是什么数。”乙一连说了几个，都被甲说对了。

你知道是怎么回事吗？

1	10	9	21	4	5
2	6	16	3	19	25
3	17	1	8	22	18
4	2	23	12	11	7
5	14	20	15	13	24

图1

1	24	7	18	25	5
2	13	11	22	19	4
3	15	12	8	3	21
4	20	23	1	16	9
5	14	2	17	6	10

图2

拓展系数：★★★☆☆

“二”的妙用

语文老师在课堂上出了一道特别的题目，要求学生将黑板上 12 个方格中的每个“二”字加上两笔，如添上两画变成“夫”，以此类推，使其组成 12 个不同的字。

二	二	二
二	二	二
二	二	二
二	二	二

比较黑白

下列各图中的阴影部分与空白部分的面积相等吗？

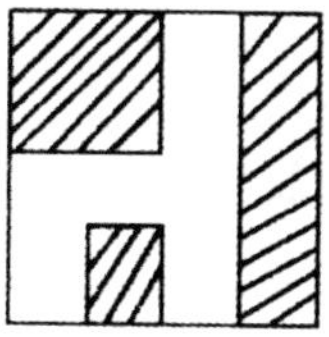
(1)

(2)

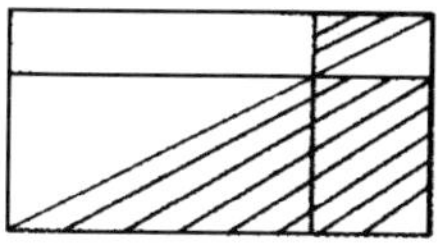
(3)

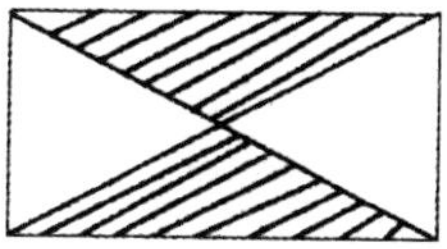
(4)

拓展系数：★★★☆☆

选择记忆

这个游戏需两人一组进行。甲依次念下列各组数字和汉字，每隔一秒钟念一个数字或汉字。甲每念完一组，乙只需把甲念过的数字按顺序复述出来，但不能念汉字。例如，甲念："家—4—水—3—风。"乙念："4—3。"

第一组：家 4—水—3—风。

第二组：快—走—7—军。

第三组：开—8—寸—5—电—6。

第四组：表—2 多—5 饮—3。

第五组：好—3 坏—9 东—6—手—2。

第六组：嘴 2—书 1—笔—4—飞—9。

拓展系数：★★★☆☆

排列组合

见图，所有碟子颜色都一样——没有标记，也没有办法区分这些碟子。你能用几种方法将 3 个不同颜色的物体分配到 3 个没有标记的碟子上？

拓展系数：★★★★☆

数列对比

上面的数是按照一定的顺序排列的，你能否在画有问号的方框内填上一个恰当的数？

拓展系数：★★★☆☆

隐藏的图形

图 1 和图 2 分别如图 3 所示，请问在图 3 中你能够找到几个图 1 和几个图 2，其中图 1 和图 2 上面可以允许有其他的线段穿过。

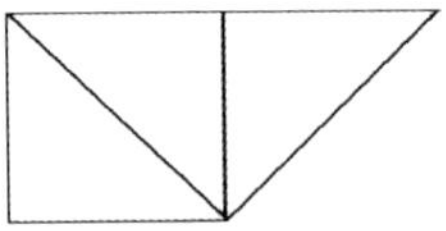

图 1

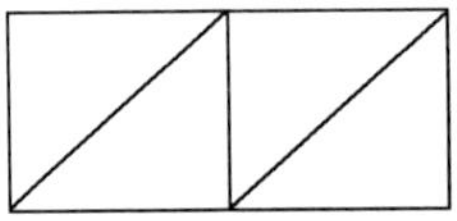

图 2

拓展系数：★★★☆☆

多余的字母

每个圆圈里都有一个字母是多余的，你知道是哪一个吗？

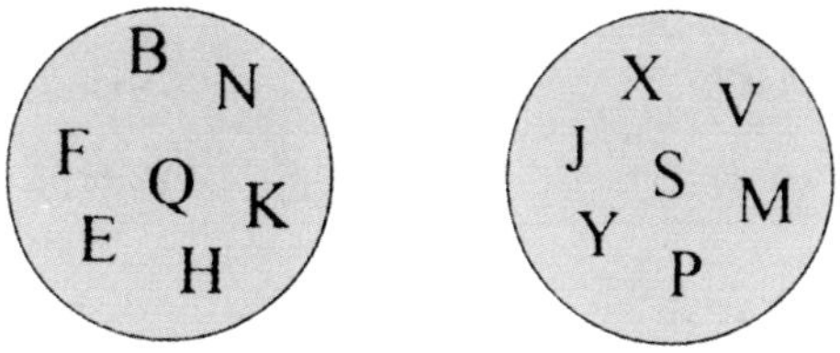

(1)　　(2)

拓展系数：★★★☆☆

空白的圆

请在空白圆中画出正确的图形。

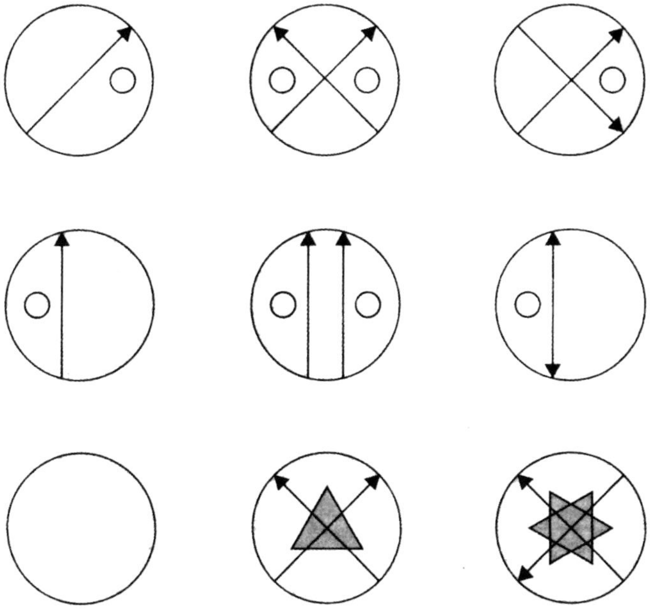

拓展系数：★★★☆☆

替代的字

下列 6 个词组中的动词大多不能互换，然而，有一个字可以替代所有的动词，请问是哪一个字呢？

①跳水	②买油	③砍柴
④做工	⑤写字	⑥敲鼓

拓展系数：★★★☆☆

趣味字谜

下面有一道字谜，请猜出一个字。

去掉上面是个字，去掉下面也是字。

去掉中间还是字，去掉上下仍是字。

拓展系数：★★★☆☆

相同的年份

哪一年的年份写在纸上，再把它颠倒过来看，仍然是该年的年份呢？

拓展系数：★★★☆☆

转动的距离

两个圆环，半径分别是 1 和 2，小圆在大圆内绕圆周一圈，请问小圆自己转了几圈？如果在大圆外部，小圆又转了几圈呢？

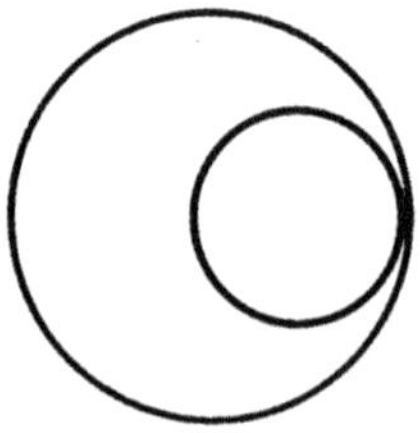

拓展系数：★★★☆☆

观察并比较

比较右图的英文字母，看看其有无规则可言，请试将空格答案填写完整。

拓展系数：★★★☆☆

区别真假硬币

现有外形完全一样的 9 枚硬币，其中 8 枚是真币，1 枚是假币。假币和真币的区别仅是重量稍轻一点。有一台天平秤，没有砝码，秤上没有读数，如果把重物放在天平秤的两边的托盘上，天平能精确地显示出两边的重物是否一样重，或哪边更重一点。

使用该天平秤，如何只称两次就能确定上述硬币中哪枚硬币是假币？

拓展系数：★★★☆☆

立方体结构比较

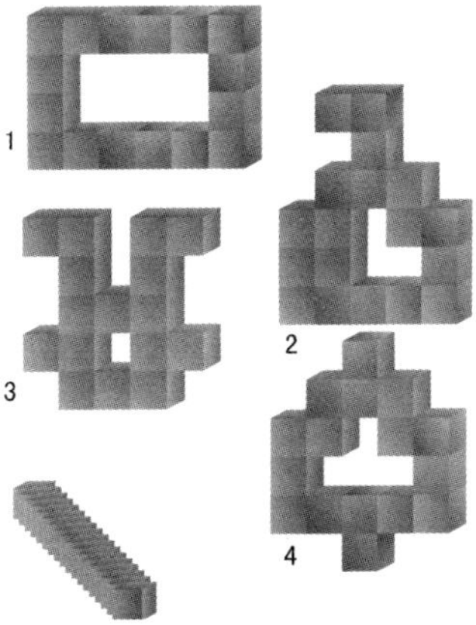

用 16 个全等的小立方体分别做成上面的 4 个图形，请问哪一个图形的表面积最大？

拓展系数：★★★★☆

不一样的立方体

同一种图案，不能同时出现在两个以上的立方体表面。以下六种立方体，哪一个不属于相同的立方体？

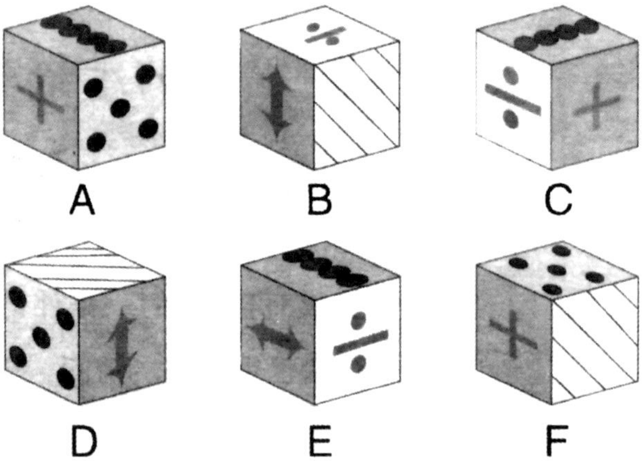

拓展系数：★★★☆☆

对角线的长度

你能否算出一个由 8 个小立方体黏合而成的大立方体的对角线长度？允许你使用单独的小立方体（每个小立方体与组成大立方体的小立方体大小相等）作为计算的辅助工具。你需要多少个这样的小立方体？

拓展系数：★★★☆☆

画六边形对角线

正六边形的对角线将其划分为 6 个部分，用黑白两种颜色给这些部分上色，一共有 64 种上色方法。

现在已经画出了其中的 32 种情况。

你能够画出另外的 32 种吗？（同一图形的旋转被认为是不同的情况。）

拓展系数：★★★★☆

正方形变成星星

如图所示，一个正方形被分成了 6 部分。

把它们复制并剪下来，拼成一个规则的六角星。

拓展系数：★★★☆☆

比比谁最高

仔细看下图，3 个人中，请指出最高的是哪一位？

拓展系数：★★☆☆☆

哪条线路更近

观察下图，从 A 到 B，哪条线路更近？线路一还是线路二？

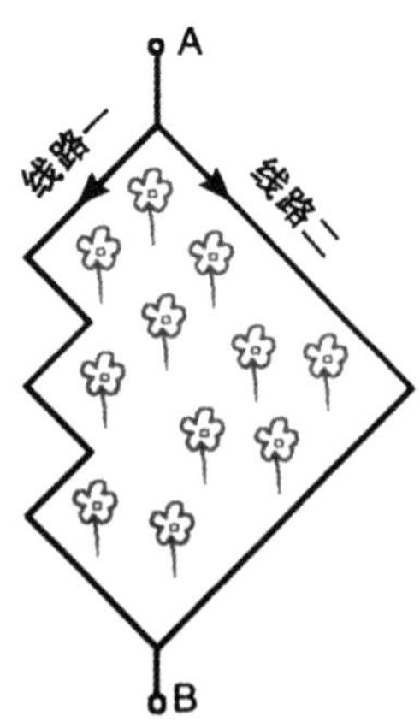

拓展系数：★★★☆☆

哈密尔敦路线

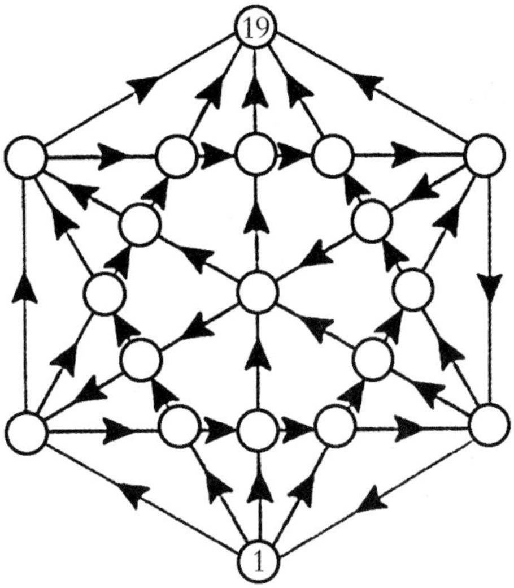

从游戏板上的 1 开始，必须经过图中每一个圆圈，并依次给它们标上号，最后到达 19。你每次只能到达一个圆圈，并且必须按照图中的箭头方向前进。

注意：不能跳步。

拓展系数：★★★☆☆

经济路线

威尼斯河网密布，是世界著名的水城。在威尼斯，人们的出行大多依靠船。由于各条河道上的船只种类不同，乘船费用也不一样。

某人带着一张威尼斯的水上交通图（如下图所示）站在甲处，他的目的地是乙处。现在，他要选择一条最省钱的路线。

已知每条路线都标明了船费（如下图所示），你能帮这个人找出最省钱一条的路线吗？这条路线所需船费是多少？

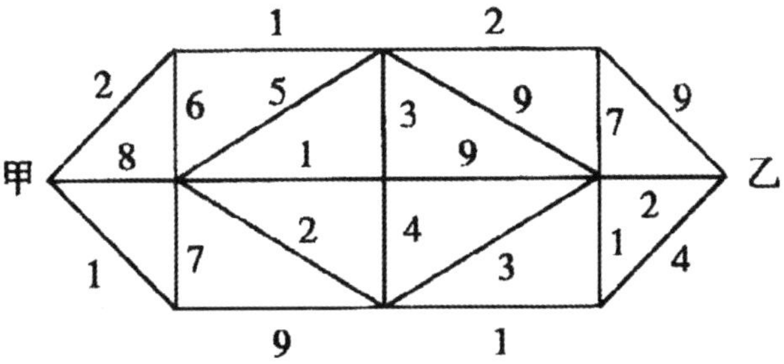

拓展系数：★★★★☆

循环图形

循环图形是由一个移动点的运动轨迹所组成的几何图形。你可以把它想象成是一只小虫根据一定的规则爬行。

这只小虫首先爬行 1 个单位长度的距离，转弯；再爬行 2 个单位长度，转弯；再爬行 3 个单位长度，转弯；依此类推。每次转弯 90°，而它爬行的最大的单位长度有一个特定的极限 n，之后又从 1 个单位长度开始爬行，重复整个过程。

你可以在一张格子纸上玩这个游戏。

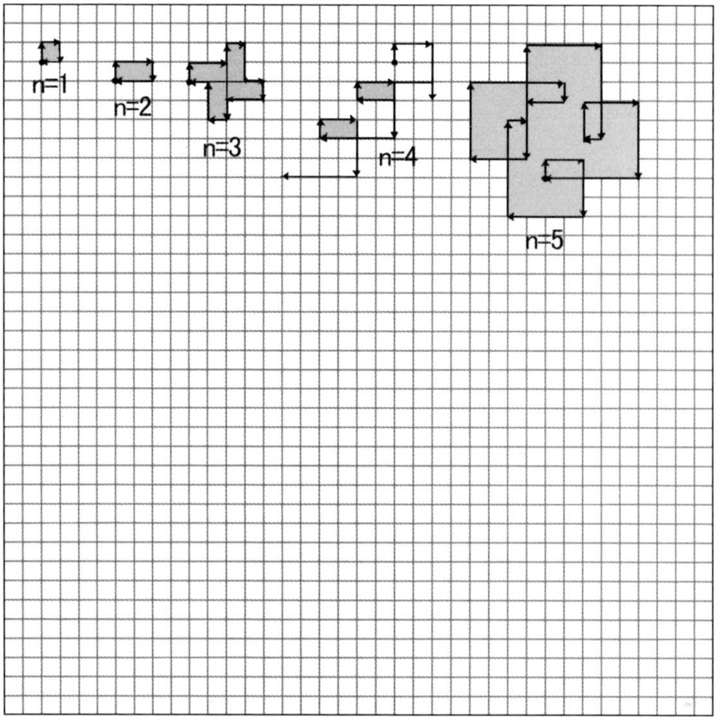

上面已经给出了 n＝1，2，3，4，5 时的循环图形，你能画出 n＝6，7，8，9 时的循环图形吗？

拓展系数：★★★★☆

龟兔赛跑

有一次，乌龟和兔子又要比赛谁跑得快。乌龟对兔子说："你的速度是我的 10 倍，每秒跑 10 米，如果我在你前面 10 米远的地方，当你跑了 10 米时，我就向前跑了 1 米，你追我 1 米，我又向前跑了 0.1 米；你再追 0.1 米，我又向前跑了 0.01 米……以此类推，你永远要落后一点，所以别想追上我了。"你认为乌龟说得对吗？

拓展系数：★★★☆☆

进入迷宫

找出到迷宫中央的路线。

拓展系数：★★★☆☆

正方体迷宫

把这张迷宫图复制并剪下来，再折成一个立方体。然后试着从 A 处走到 B 处。看你最快多久能够完成。

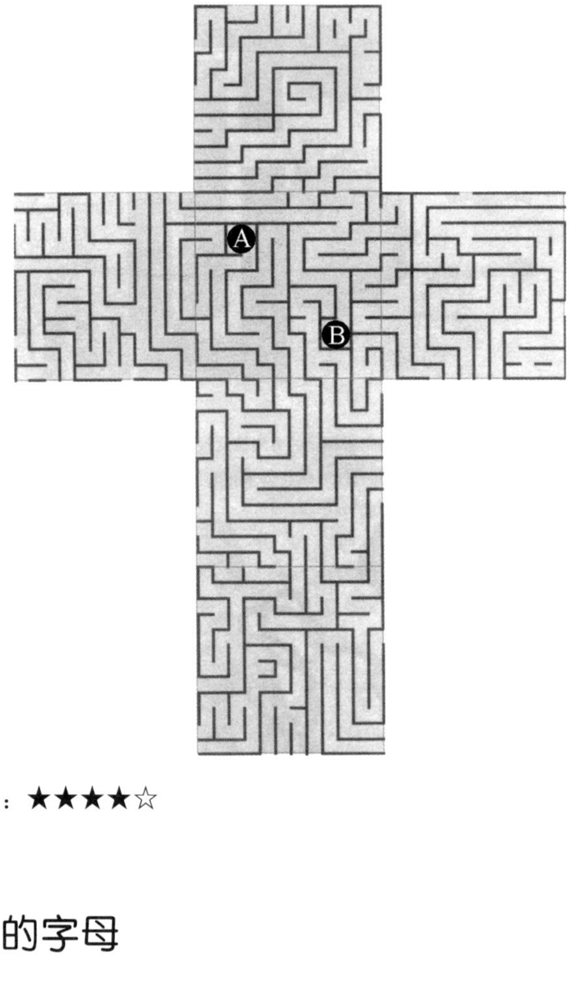

拓展系数：★★★★☆

差别最大的字母

1. 在 A、Z、F、N、E 五个字母中。哪个与其余四个差别最大？
2. 在 A、N、E、F、H 五个字母中，哪个与其余四个差别最大？

拓展系数：★★★☆☆

《静夜思》的数字游戏

《静夜思》是大诗人李白的一首非常有名的诗篇，这首诗共有20个字，恰好组成下列两组算式：

床前＝明月＋光，

疑是＝地上×霜。

举头＋望＝明月，

低头×思＝故乡。

其中，每个汉字分别代表0～9中的一个数字；相同的汉字表示相同的数。请破解这道谜题，将每个字所代表的数目写出来。

提示：诗中的“头”字为解题要领。

拓展系数：★★★★☆

过程描述

依次进行下列活动，请认真观察，然后把活动过程按顺序详细描述出来。

1. 洗干净茶杯。
2. 往茶杯里放茶倒水，盖上杯盖。
3. 往茶杯里放糖搅拌，盖上杯盖。
4. 压住杯盖倒茶水。
5. 倒掉茶叶。

拓展系数：★★★☆☆

停车次数

一辆载着16名乘客的公共汽车驶进车站，这时有4人下车，又上来4人；在下一站上来10人，下去4人；在下一站下去11人，上来6人；在下一站，下去4人，只上来4人；在下站又下去8人，上来15人。

还有，请你接着计算：公共汽车继续往前开，到了下一站下去6人，上来7人；在下一站下去5人，没有人上来：在下一站只下去1人，又上来8人。

好了，合上书回答问题，这辆车共停了几站？

拓展系数：★★★☆☆

选号码

下面的三个电话号码，请你在半分钟内记住它们。

62823025

62862503

62815765

然后，在下面一组电话号码中，选出上面出现过的那三个号码。

62825764

62862053

62825476

62823025

62815765

62823763

62862503

62814567

拓展系数：★★★☆☆

错误的变化

下面4个方形之中的图形是按一定逻辑而变化的，但其中有一个是错误的。你能推出是哪一个吗？

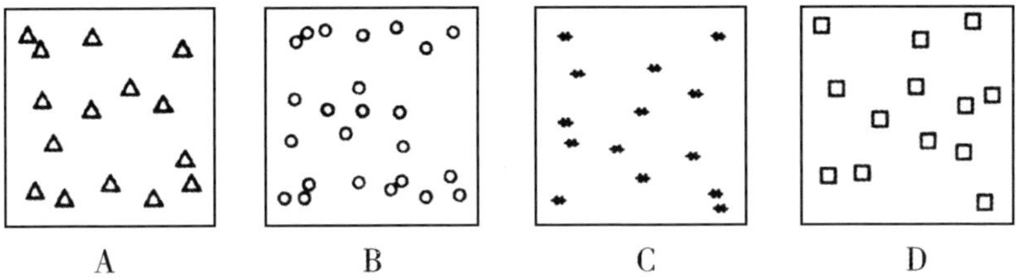

拓展系数：★★★☆☆

完成图形

A～E 五个图案中，哪个可以填在问号处？

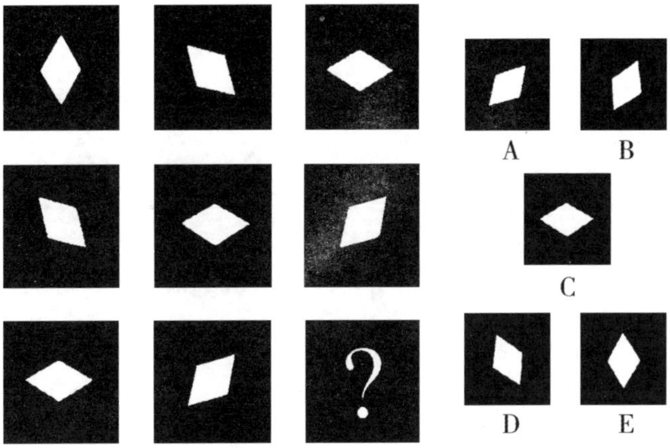

拓展系数：★★★☆☆

百年时差记大事

1689 年英国《权利法案》；

1789 年法国大革命（两年前 1787 年美国宪法）；

1889 年第二国际成立。

拓展系数：★★★☆☆

答案及提示

找数字

仔细看这两幅图，图 1 的第一列（竖行）数字如 10、6、17、2、14，在图 2 中排成 14、2、17、6、10，并且作为图 2 的第五行（横行）。图 1 中的第二列 9、16、1、23、20，在图 2 中以 20、23、1、16、9 的形式排在了第四行……

图 1 中的每一竖行，都如此改排为图 2 中的横行，这样就找到了规律。

图 1 的第三行的 18，图 2 第一行，只要将图 1 第三行在图 2 从 17 倒竖起来的竖行里，找到排在第一行的数就可以了。

“二”的妙用

答案见下图。

井	天	王
毛	牛	手
午	五	元
月	仁	云

比较黑白

（1）不相等，阴影部分面积大；（2）相等；（3）相等；（4）相等。

选择记忆

记忆时最怕受到无关因素的干扰，做这组游戏时，一定要集中注意力，及时把干扰项排除。

排列组合

有 5 种分配方法将 3 个不同的物体放在 3 个没有标记的碟子上。

数列对比

答案见图，这个数列包含的数字都是上下颠倒过来也不会改变其数值的数字。

隐藏的图形

图 1 和图 2 在图中分别出现了两次，如图所示。

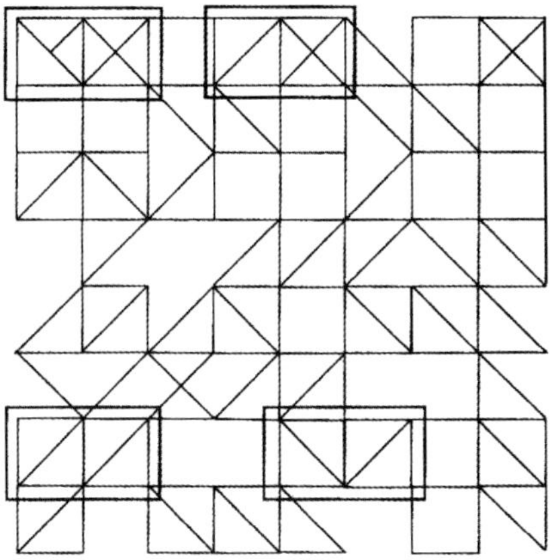

多余的字母

（1）F；（2）X。

空白的圆

答案略。

替代的字

用“打”字代替。

趣味字谜

这个字是“章”字。

相同的年份

答案为 1961。

转动的距离

小圆绕 2 圈的距离等于大圆的圆周长，因此答案为 2 圈。而内圈和外圈的答案相同，长度并不会因为换地方转动而改变。

观察并比较

善于观察的人，便会发现这是计算机键盘最左边的字母排列顺序，尽管答案显而易见、近在咫尺，但却往往被人们忽略。

区别真假硬币

把 9 枚硬币分成 3 叠，每叠 3 枚。第一次称其中任意两叠，如果这两叠重量持平，就说明假币在第 3 叠中，取第 3 叠中的任意两枚硬币称第 2 次，如果重量持平，则假币是剩下的那枚，否则就是重量较轻的那枚。如果第一次称的两叠硬币不一样重，则说明伪币在轻的那叠中，取其中的任意两枚称第 2 次，同理能确定哪枚是假币。总之，使用天平秤，只需称两次，就能确定哪枚是假币。

立方体结构比较

数一下粘在一起的表面的个数，然后把它从 96（16 个小立方体的总的表面积）里面减去，就得到了该图形的表面积。

图形 2 的表面积最大，因为它只有 15 对表面粘在一起。

不一样的立方体

D 图不属于同一个立方体。

对角线的长度

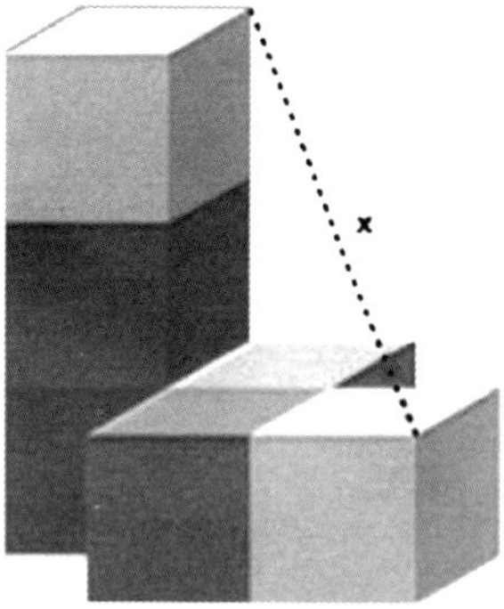

6 个小立方体就足够了。将 6 个小立方体摆成如图所示的形状，然后测量 x 的长度。

画六边形对角线

答案见图。

正方形变成星星

答案略。

比比谁最高

3 个人一样高。这是一幅立体空间图，之所以最前面的人看起来比较矮，是由于观察的角度不一样。

哪条线路更近

两条小路的长度相同。如图所示，线路一的各分段长度之和正好等于线路二的长度。

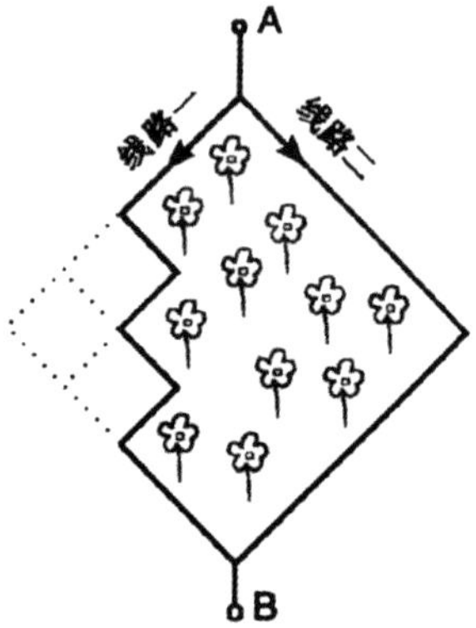

哈密尔敦路线

解法之一。

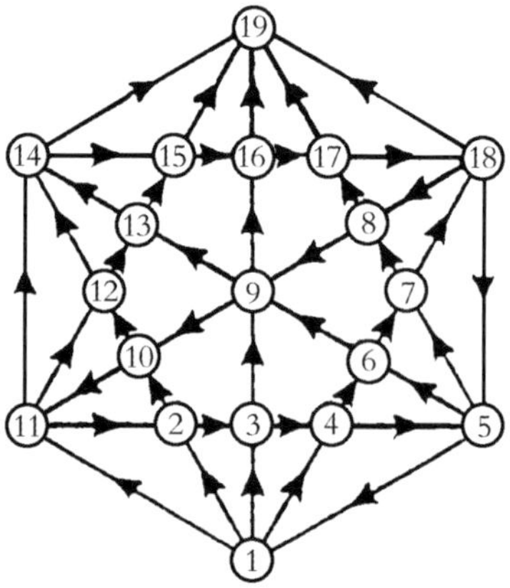

经济路线

乘船路线如下图，所花的船费为 13 元。

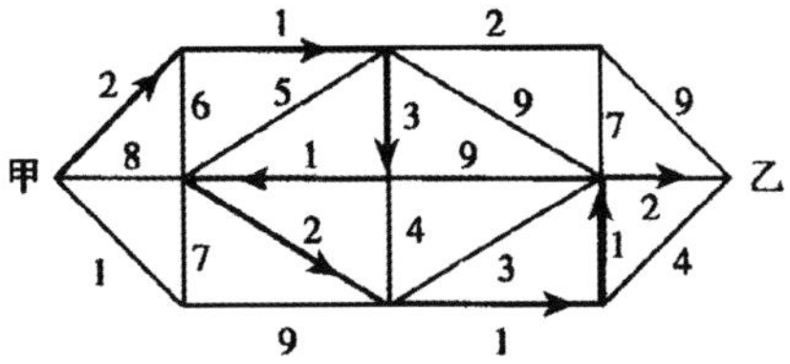

循环图形

答案略。

龟兔赛跑

不对，乌龟只想到速度和距离，却没有考虑时间。事实上，兔子只要用 10/9 秒的时间便能追上乌龟，并超过它。

进入迷宫

答案略。

正方体迷宫

答案略。

差别最大的字母

1. F。其余四个字母都具有对应性，或上下对称，或左右对称。

2. E。因为其他三个字母都是由三条直线构成。

《静夜思》的数字游戏

答案见图。

$$71 = 68 + 3$$

$$90 = 45 \times 2$$

$$34 \times 2 = 68$$

$$14 \times 5 = 70$$

过程描述

答案略。

停车次数

一开始，如果你就被众多的数字所缠绕，那么你也许会很困惑，思维不清晰，不知道哪个信息是有用的，其实很简单，公交车共停了 8 站，如下表所示：

停车	上车人数（人）	下车人数（人）
第一站	4	4
第二站	10	4
第三站	6	11
第四站	4	4
第五站	15	8
第六站	7	6
第七站	0	5
第八站	8	1

选号码

观察所有出现的号码，我们可

以看出，要求记住的三个号码的后三位，在备选号码是独一无二的，所以我们只需将三位数字记住即可找出答案。

错误的变化

B。

四个方形中的符号应当是从 A 到 D 递减的，而 B 都增加了，所以 B 是错误的。

完成图形

E。

每行和每列中的菱形都依次沿逆时针方向旋转 45 度。

百年时差记大事

答案略。

第七部分

归纳记忆法

归纳是从个别到一般、从特殊事例到一般原理的科学思维方法。从与记忆的关系方面讲，通过归纳，可以系统地记忆一大串相关的事件。可以这么讲，归纳能力提高了，记忆力也就相应的得到了扩展和深化。

归纳记忆法的首要任务是将凌乱的信息梳理整齐，然后再对其进行抽象概括。抽象概括的过程中，要注意将信息与题目、事实等因素相联系。

多余的第四个

有以下四组物品：

1. 苹果、梨、西红柿、橘子；

2. 刮脸刀、剪刀、铅笔、铅笔刀；

3. 斧子、钉子、电锯、电钻；

4. 小号、小提琴、大号、萨克斯管。

在这四组物品的每一组中，有无“多余的”第四个？为什么？

拓展系数：★★★☆☆

字母推理

观察如下字母方阵，并将第四行的字母顺序排列出来。

A、B、C、D、E
D、C、E、B、A
B、E、A、C、D
?　?　?　?　?
C、A、D、E、B

拓展系数：★★★★☆

谁是夫妻

某社区举行夫妻智力比赛，决赛前一共要进行四次预赛。每次预赛中，各对夫妻都要出一名成员参赛。

第一次参赛的是：吴、孙、赵、李、王。

第二次参赛的是：郑、孙、吴、李、周。

第三次参赛的是：赵、张、吴、钱、郑。

第四次参赛的是：周、吴、孙、张、王。

另外，刘某因故未参加任何一次比赛。

谁和谁分别是夫妻？

拓展系数：★★★☆☆

推算等式

1×？ ＋？ ＝9

12×？ ＋？ ＝98

123×？ ＋？ ＝987

1234×？ ＋？ ＝9876

12345×？ ＋？ ＝98765

123456×？ ＋？ ＝987654

1234567×？ ＋？ ＝9876543

12345678×？ ＋？ ＝98765432

123456789×？ ＋＝987654321

仔细观察上面的等式，想一想：各式所乘数字是几？所加数字是几？

拓展系数：★★★☆☆

推测符号

如图所示，将符号“○”　“△”“×”填入25个空格中，每格一个。“?”处应该填什么符号？

拓展系数：★★★☆☆

○	×	△	○	○
△	×	△	×	×
×	○	○	△	△
○	△	×	○	○
?	×	○	△	×

餐厅聚会

有7位年轻人，他们是好朋友，每周都要到同一家餐厅吃饭。但他们去餐厅的次数不同。哈德每天必去；莎莎隔一天去一次；咪咪每隔两天去一次；马莎每隔三天去一次；艾迪每隔四天才去一次；科特每隔五天去一次；次数最少的是玛吉，每隔六天才去一次。昨天是2月29日，他们在餐厅愉快地碰面，有说有笑，并期待下一次相聚时的情景。他们下一次在餐厅碰面是在什么时候呢？

拓展系数：★★★★☆

错拿雨伞

赵金、钱银、孙铜、李铁、周锡一起参加会议。由于下雨，他们都带了一把伞。散会时恰好停电，结果他们都拿错了伞。

赵金拿的伞不是李铁的，也不是钱银的；钱银拿的伞不是李铁的，也不是孙铜的；孙铜拿的伞不是周锡的，也不是钱银的；李铁拿的伞不是孙铜的，也不是周锡的；周锡拿的伞不是李铁的，也不是赵金的。另外，没有两个人相互错拿了对方的伞的情况。

他们五人各错拿了谁的伞？

拓展系数：★★★★☆

图形记忆

第一步：仔细观察下面框内的图形，并尽力记住它们的模样。

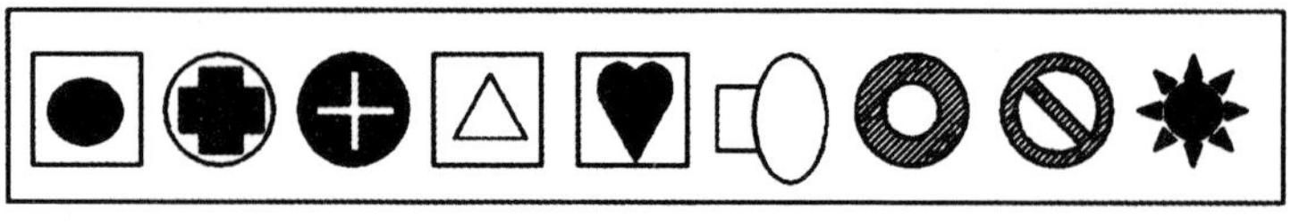

第二步：遮盖住上面框内的图形，并从下面的框内迅速找出在上面的框中出现过的图形，并圈出来。

拓展系数：★★★☆☆

足球比赛

国际足联为了鼓励球员在足球比赛中进更多的球，试行了新的竞赛规则，即赢一场球得 10 分，平局各得 5 分，而且不论输赢，踢进一球即得 1 分。在一次实行单循环赛制的国际足球邀请赛中，几场比赛过后，各队的得分如下：中国队得 3 分，意大利队得 7 分，巴西队得 21 分。

每场比赛的比分是多少？

拓展系数：★★★☆☆

篮球比赛

五所中学进行篮球比赛，每所中学互相进行一场循环赛。比赛的结果见右表。

五中的成绩如何？

拓展系数：★★★☆☆

一中	2胜2负
二中	0胜4负
三中	1胜3负
四中	4胜0负

小鸟觅食

7只小鸟住在同一个鸟巢中。它们的生活非常有规律，每一天都有3只小鸟出去觅食。

7天之后，任意2只小鸟都在同一天出去觅食过。

将7只小鸟分别标上序号1～7，请你将它们这7天的觅食安排详细地填在表格中。

时　间	觅食的小鸟序号
第一天	
第二天	
第三天	
第四天	
第五天	
第六天	
第七天	

拓展系数：★★★★☆

分组遛狗

9个女孩每天都带着她们各自的宠物狗出去散步。她们每次分3组，每组3个人，4天之中，她们中的任意2个女孩都只有一次被分到同一组。

应该怎样给她们分组呢？

第 1 天			
第 2 天			
第 3 天			
第 4 天			

拓展系数：★★★☆☆

动物排队

看下图，驯养员正在对动物们进行排队训练。如果按照这样的排法，问号处排的应该是哪种动物？

拓展系数：★★★☆☆

谁居中间

L先生、M先生和Q先生三个人住在一幢公寓的同一层。

一个人的房间居中，与其他两人左右两邻。

他们每个人都养了一只宠物：不是狗就是猫；每个人都只喝一种饮料：不是茶就是咖啡；每个人都只采用一种抽烟方式：不是烟斗就是雪茄。

条件：

L先生住在抽雪茄者的隔壁；

M先生住在养狗者的隔壁；

Q先生住在喝茶者的隔壁；

没有一个抽烟斗者喝茶；

至少有一个养猫者抽烟斗；

至少有一个喝咖啡者住在一个养狗者的隔壁；

任何两个人的相同嗜好不超过一种。

谁住的房子居中间？

拓展系数：★★★★☆

今天星期几

A、B、C、D、E、F、G七个人就“今天是星期几”这个问题展开争论。

A：“后天是星期三。”

B：“不对，今天是星期三。”

C：“你们都错了，明天是星期三。”

D：“胡说！今天既不是星期一，也不是星期二，更不是星期三。”

E：“我确信昨天是星期四。”

F：“不对，你弄颠倒了，明天是星期四。”

G：“不管怎么说，反正昨天不是星期六。”

实际上，这七个人中只有一个人说对了。

说对的是谁？今天究竟是星期几？

拓展系数：★★★☆☆

哪一天到达

在著名的休闲城镇里，分别有一家餐厅、百货公司和蛋糕店。马莉到达的那一天，蛋糕店正好开门营业。此休闲城镇的每个星期中，没有一天是餐厅、百货公司和蛋糕店全都开门营业。百货公司每星期开门营业四天，餐厅则营业五天，星期日和星期三全都关门休息。在连续的三天中：

第一天，百货公司关门休息。

第二天，蛋糕店关门休息。

第三天，餐厅关门休息。

在接续的两天中：

第一天，蛋糕店关门休息。

第二天，餐厅关门休息。

第三天，百货公司关门休息。

甲是哪一天到达的休闲小镇？

拓展系数：★★★★☆

男孩的特征

一个班有 20 个男孩，其中有 14 个人是蓝眼睛，12 个人是黑头发，11 个人体重超重，10 个人非常高。

一共有多少个男孩同时具备这 4 个特征？

拓展系数：★★★★☆

数字迷宫（一）

5			24	
				20
	9	16		14

15					
					1
			10		
	20				
				32	

数字迷宫是在一个每一边包含 n 个格子的正方形里面填上从 1 到 n^2 的自然数。填的时候按照横向或纵向移动，在相邻的格子里填上连续的数，每一个格子里只能填入一个数。上图给出了一个例子。

在 5×5 和 6×6 的方框中，有几个格子里已经填上了数字，你能否将剩余的数字补充完整？

拓展系数：★★★☆☆

数字迷宫（二）

规则同数字迷宫（一），但是这次要求填上的数字是 1 到 100。

有几个数字已经填入方格了，你能够补充完整吗？

	100							69	
	87				77				
13		29							60
							23		
								38	
	46								
							1		

拓展系数：★★★★☆

中心六边形数

见下图，分别是前 5 个中心六边形数。之所以叫中心六边形数，是因为它们都是从中心向外扩展的。

第1个中心六边形数

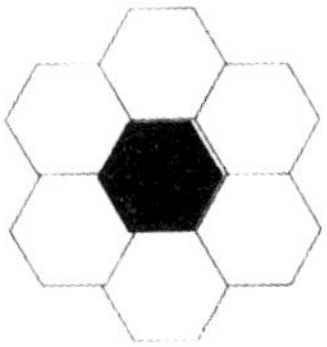

第2个中心六边形数

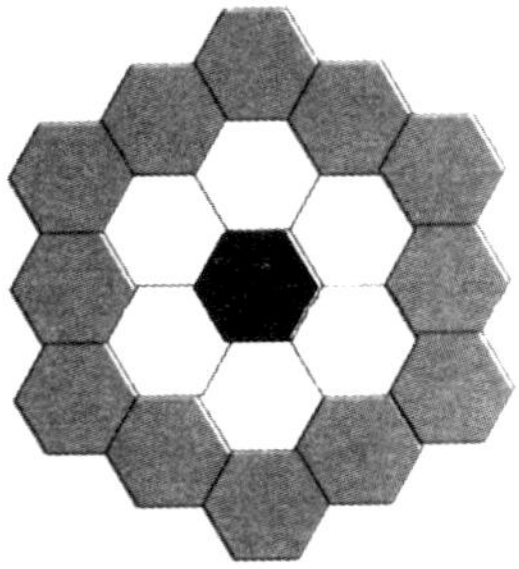

第3个中心六边形数

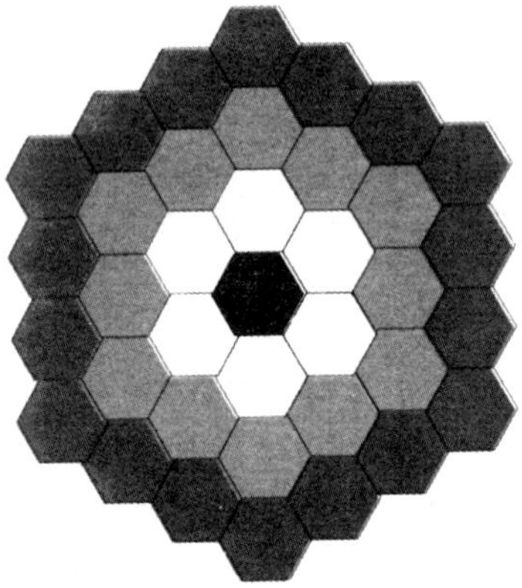

第4个中心六边形数

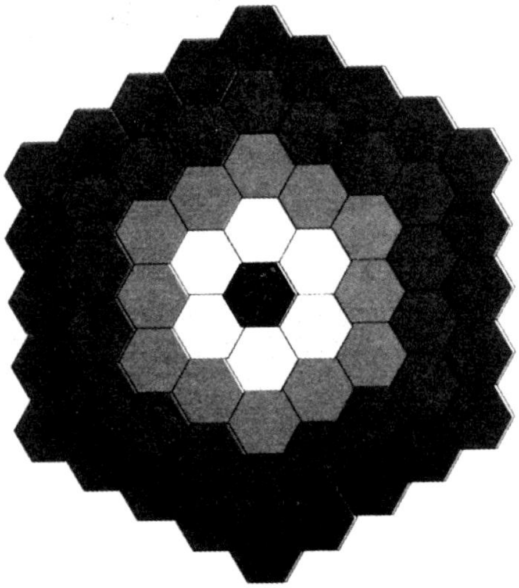

第5个中心六边形数

问据此，你能否算出第 6 个中心六边形数？

拓展系数：★★★★☆

第 100 个三角形数

第 100 个三角形数如图所示。你需要花多少时间才能将这些点的个数数出来？数学王子高斯又是怎样做的呢？

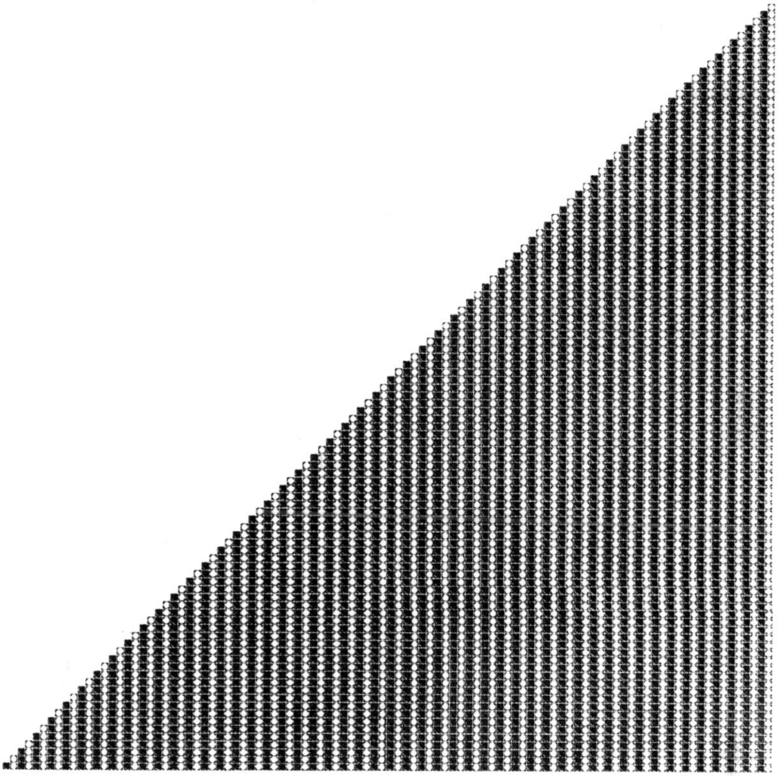

拓展系数：★★★★☆

规律推图

仔细观察下面前四幅图形，从第二行选出规律相同的第五幅图形。

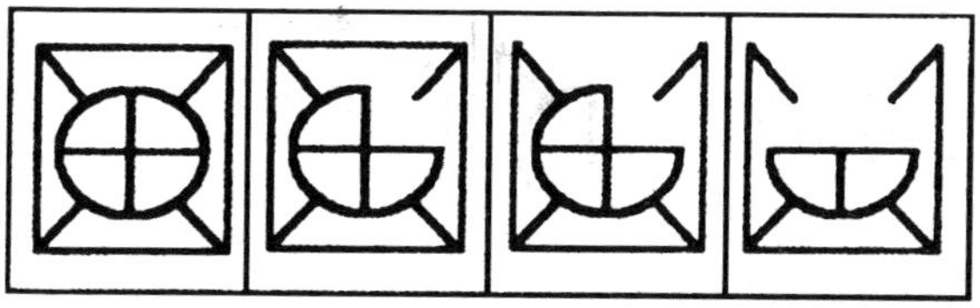

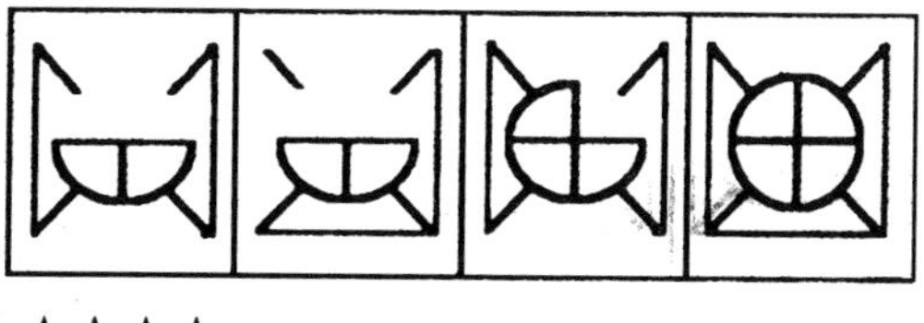

拓展系数：★★★☆☆

图形选择

“?”处应当选择哪一个备选图形?

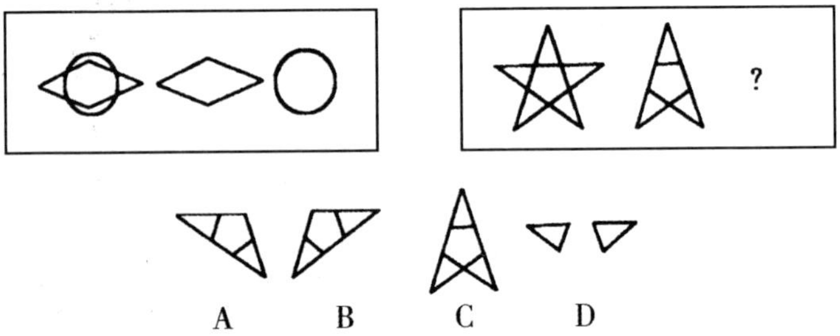

拓展系数：★★★☆☆

答案及提示

多余的第四个

有。分别如下：

第一组中，苹果、梨、橘子为水果，“多余的”第四个为西红柿，它是蔬菜。

第二组中，刮脸刀、剪刀、铅笔刀为刀具，“多余的”第四个是铅笔，它是书写工具。

第三组中，斧子、电锯、电钻是木匠工具，“多余的”第四个是钉子，为钉接物。

第四组中，小号、大号、萨克斯管为管乐器，“多余的”的第四个是小提琴，为弦乐器。

字母推理

运用科学归纳法，将第一行的字母顺序改变为数字顺序。观察、分析第二行字母与第三行字母的排列规律，就会发现下一行都是上一行的第 4、3、5、2、1 个字母。因此可以断定，第四行的字母也应分别是第三行的第 4、3、5、2、1 个字母。

A、B、C、D、E（1、2、3、4、5）

D、C、E、B、A（4、3、5、2、1）

B、E、A、C、D（4、3、5、2、1）

C、A、D、E、B（4、3、5、2、1）

谁是夫妻

吴参赛四次，刘某因故没有参赛，可以知道吴与刘是夫妻；孙某参赛三次，未参赛的一次由钱某代替，可以知道孙和钱是夫妻；同理可知赵和周是夫妻、李和张是夫妻、王和郑是夫妻。

推算等式

我们不必一一进行演算，只需演算完第一个式子与第二个式子，就可以发现一个规律：1×8＋1＝9，12×8＋2＝98……即某数乘以 8，再分别加上 1、2、3……为了验证这个规律，我们可以按此规律再演算最后一个式子，发现这个规律仍然适用。于是，我们就可以在科学分析的基础上，归纳出这些等式的规律。

推测符号

填△。

如果细心观察，你会发现各符号的排列规则是从中心向外、按照“○、△、×”的次序旋转填充。

餐厅聚会

7位年轻人要隔许多天以后才能在餐厅相聚一次，此天数加1必须能被1～7之间的所有自然数整除。1～7的最小公倍数是420，意即他们每隔419天才能在餐厅相聚。由于上一次聚会是在2月29日，可知这一年是闰年，则第二年的2月就只有28天。依此推断，他们下一次相聚是在第二年的4月24日。

错拿雨伞

根据题中的描述，可以列出每个人可能错拿的雨伞的主人，见下表。

因为“没有两个人相互错拿了对方的伞”，所以赵金与孙铜不可能互拿对方的伞，周锡与钱银不可能互拿对方的伞。因此，赵金拿了周锡的伞，钱银拿了赵金的伞，孙铜拿了李铁的伞，周锡拿了孙铜的伞，李铁拿了钱银的伞。

拿伞人	伞的主人	
赵金	孙铜	周锡
钱银	周锡	赵金
孙铜	赵金	李铁
李铁	赵金	钱银
周锡	钱银	孙铜

图形记忆

对这类图形记忆题，可以采取分类归纳的方法记忆，比如将最外层图形是方形的归为一类、圆形的归为一类、不规则的归为一类，然后再一组一组地记忆。

足球比赛

因为是单循环赛，每两队间不可能赛两场。中国队得3分，只输；意大利队得7分，没赢；所以这两个队尚未比赛，比赛只进行了两场。中国队输给了巴西队，而巴西队得21分不可能胜两场，所以巴西队、意大利队踢平。意大利队得7分，进了两个球，它与巴西队的比赛比分是2∶2。巴西队在同中国队的比赛中得了14分，踢进了四个球，比分为4∶3。

篮球比赛

3胜1败。

总共有10场比赛，各校都必须跟其他四校对打一场，因此4×5＝20（场），但是每场有两校出赛，所以20÷2＝10（场），意即总共会有10胜。一中至四中合计共有7胜，则剩下的3胜便是五中。因此五中有一败，其成绩为3胜1负。

小鸟觅食

答案见下表。

时　间	觅食的小鸟序号		
第1天	1	2	3
第2天	1	4	5
第3天	1	6	7
第4天	2	4	6
第5天	2	5	7
第6天	3	4	7
第7天	3	5	6

分组遛狗

首先看这 9 个女孩可能组成多少对。一共可以组成 36 对。

每一组 3 人中可以组成不同的 3 对，因此每一对在 12 组（每天 3 组，一共 4 天）中只会出现一次。分组方法见下表。

第1天	123	456	789
第2天	147	258	369
第3天	159	263	348
第4天	168	249	357

动物排队

将前面 6 种动物视为一组，找出它们的规律。答案为蜗牛。前 6 种动物为一组，不断重复，每次都把前组的第一个动物去掉，顺序就是：123456234563456 56。

谁居中间

这道题中，判定哪些嗜好组合可以符合这三个人的情况；然后判定哪一个组合与住在中间的人相符合。根据题中的条件，每个人的嗜好组合必是下列的组合之一。

组合一：咖啡、狗、雪茄；

组合二：咖啡、猫、烟斗；

组合三：茶、狗、烟斗；

组合四：茶、猫、雪茄；

组合五：咖啡、狗、烟斗；

组合六：咖啡、猫、雪茄；

组合七：茶、狗、雪茄；

组合八：茶、猫、烟斗。

根据“没有一个抽烟斗者喝茶”可以排除上面的组合三和组合八。

根据“至少有一个养猫者抽烟斗”，组合二是某个人的嗜好组合。

根据“任何两个人的相同嗜好不超过一种”，组合五与组合六可以排除；组合四和组合七不可能分别是某两个人的嗜好组合，因此，组合一必定是某人的嗜好组合。

根据这一条件，还可以排除组合七，于是余下的组合四必定是某人的嗜好组合。

再根据“L 先生住在抽雪茄者的隔壁；M 先生住在养狗者隔壁；Q 先生住在喝茶者的隔壁”这三个

条件，住居中房间的人符合下列情况之一：

抽烟斗而又养狗；

抽烟斗而又喝茶；

养狗而又喝茶。

既然这三人的嗜好组合分别是组合一、组合二、组合四，那么住居中房间者的嗜好组合必定是组合一或组合四，如下所示：“组合二”——“组合一”——“组合四”“组合二”——“组合四”——“组合一”。再根据“至少一个喝咖啡者住在一个养狗者的隔壁”。组合四不可能是住居中房者的组合，因此，根据“Q先生住在喝茶者的隔壁”，所以判定Q先生的房间居中。

今天星期几

七个人说的话，可以分别用另一种方式来表示：

A：“今天是星期一。”

B：“今天是星期三。”

C：“今天是星期二。”

D：“今天是星期四，或星期五，或星期六，或星期日。”

E：“今天是星期五。”

F：“今天是星期三。”

G：“今天是星期一，或星期二，或星期三，或星期四，或星期五，或星期六。”

只被提到一次的日子是星期日。如果这一天是别的日子，那么讲对的就不止一个人了。因此，今天一定是星期日。D所说的是正确的。

哪一天到达

根据已知条件分析，餐厅在星期一、星期二、星期四、星期五和星期六开门营业，在星期日和星期三关门休息；而其中连续三天的第三天关门休息，因此，其第一天不是星期五就是星期一。

由于一星期中没有一天是餐厅、百货公司和蛋糕店全都开门营业，而蛋糕店在星期四和星期五关门休息，所以马莉到达休闲城镇的那一天，蛋糕店开门营业，可推论出是“星期一”。

男孩的特征

从表格可以很直观地看出，最少有1个人、最多有10个人同时具备这4个特征。

数字迷宫（一）

答案如图所示。

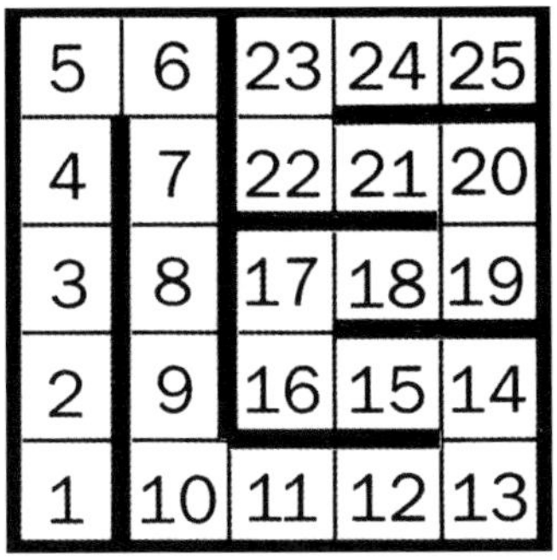

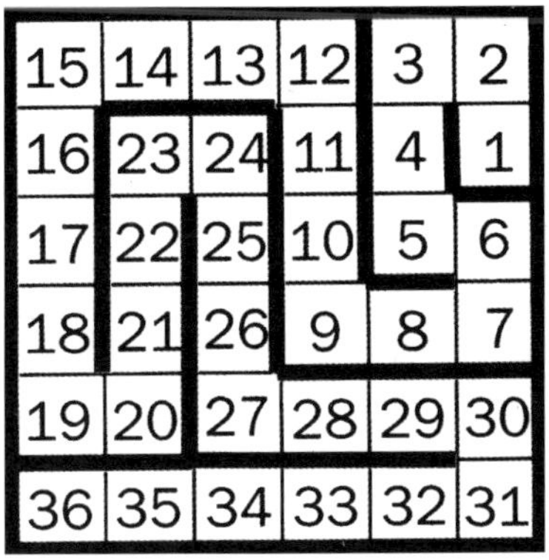

数字迷宫（二）

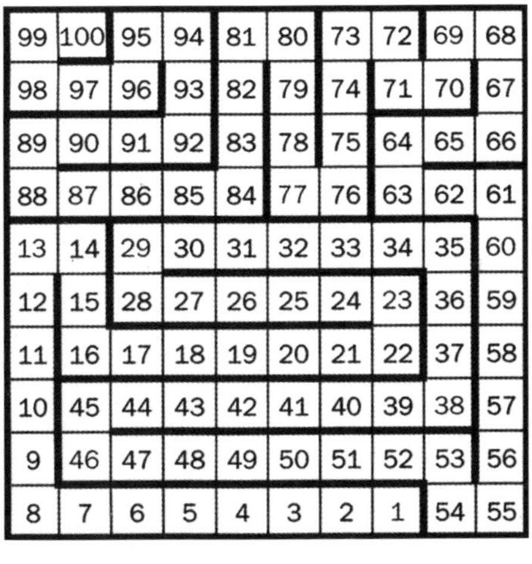

中心六边形数

第 6 个中心六边形数等于 91。求它的公式为 $H=n^3-(n-1)^3$

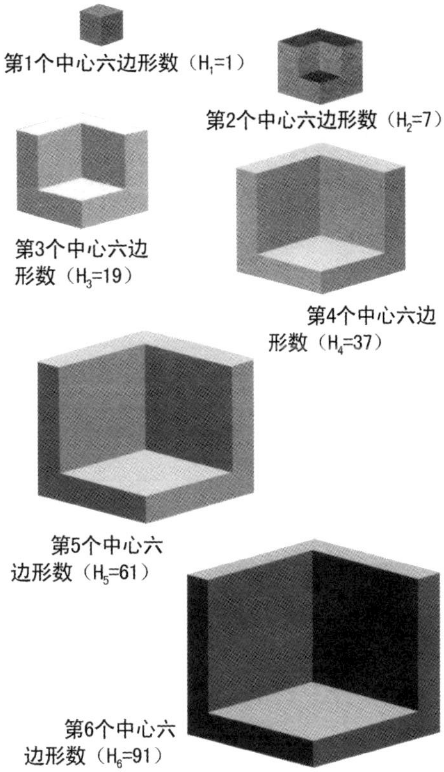
第1个中心六边形数（H_1=1）
第2个中心六边形数（H_2=7）
第3个中心六边形数（H_3=19）
第4个中心六边形数（H_4=37）
第5个中心六边形数（H_5=61）
第6个中心六边形数（H_6=91）

第 100 个三角形数

高斯意识到，1 到 100 的和等于 101 乘以 50。（1＋100，2＋99，3＋98，50＋51，每两个数的和等于 101，一共有 50 组）。这样就得到其总和为 5050。

高斯不仅算出了 1 到 100 的和，他还发明了计算这一类型的数的一般公式：

$1+2+3+\cdots+n=n(n+1)/2$

这个公式也是三角形数的公式。

规律推图

答案略。

图形选择

答案为 D。

第八部分

推导记忆法

推导记忆法是一种较为高级的记忆方法，是将记忆事物中本质的必然的联系在推导的过程中加以深化认识并记住的方法。它的最直接最突出的优点是可以减轻大脑记忆的负担，并掌握一把可解开许多难题的钥匙。

本小节的游戏旨在提高你的推导、演绎和演算的能力，通过推导来加深对识记材料的印象，达到开拓、深化记忆的目的。

仙桃谜团

4 个仙女手中拿着仙桃，每个人的数量不同，为 4～7 个。然后，4 个人都吃掉了 1～2 个仙桃，结果剩下的每个人拥有的仙桃数量还是各不相同。

4 人吃过仙桃后，说了如下的话。其中，吃了 2 个仙桃的人撒谎了，吃了 1 个仙桃的人说了实话。

西西：“我吃过红色的仙桃。”

安安：“西西现在手里有 4 个仙桃。”

米米：“我和拉拉一共吃了 3 个仙桃。”

拉拉：“安安吃了 2 个仙桃。米米现在拿着的仙桃数量不是 3 个。”

最初每人有几个仙桃，吃了几个，剩下了几个呢？

拓展系数：★★★☆☆

黑白珠子串

你有红色和蓝色两种颜色的珠子，每种珠子各 10 颗。将这些珠子串成一串，这一串的第一颗珠子是红色的。

现在我们把这一串中连续的几颗珠子称为一个“连珠”。连珠的长度取决于它所包含的珠子的颗数。

含 2 颗珠子的连珠我们称为“二连珠”。问可能有多少种二连珠？

含 3 颗珠子的连珠我们称为“三连珠”。问可能出现多少种三连珠？

含 4 颗珠子的连珠我们称为“四连珠”；含 5 颗珠子的就是“五连珠”，依此类推。也就是说，含 n 颗珠子的连珠我们称为“n 连珠”。

如果要求一串珠子全部由二连珠组成，且整串珠子中不能出现两个一模一样的二连珠，问这串珠子最长有几颗珠子？

如果要求一串珠子全部由三连珠组成，且整串珠子中不能出现两个一模一样的三连珠，问这串珠子最长有几颗珠子？

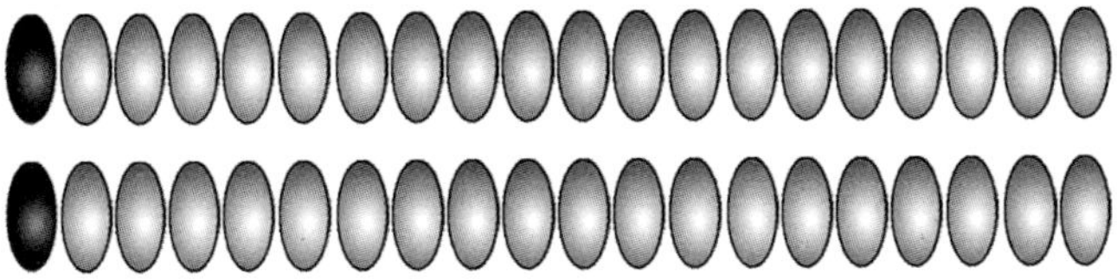

拓展系数：★★★☆☆

不一样的钟

这个钟是为一个行星设计的，它每 16 个小时自转一次。每个小时为 64 分钟，每分钟为 64 秒。现在钟上所显示的时间为差一刻钟到 8 点。请问指针下次最快相遇的时间是什么时候？

拓展系数：★★★☆☆

需要多长时间

有一座钟，1 点响 1 次，2 点响 2 次，12 点响 12 次。在伸手不见五指的黑房子里，某人一觉醒来，即听到了钟声，不过他可能是在钟响了几声后才听到的，所以不知现在是几点。过了约一个小时，钟又响了，这次这个人从一开始就数了响声数，刚好12次。钟响一声时长为1秒，每声间隔4秒，能够确认钟声次数就算钟响结束。

现在，这个人为了确认是否为12点，从他醒来到听完第二次钟声，最多需多长时间？

拓展系数：★★★★☆

各打中了多少环

上尉、少校和将军在训练场上射击。训练结束后，3个人各自数出了自己射中的环数，然后每个人说了3句话。

上尉说："我打中了180环，比少校少40环，比将军多20环。"

少校说："我打中的环数不是最少的，我的环数和将军的环数相差60环。将军打中了240环。"

将军说："我打中的环数比上尉少，上尉打中200环，少校打中的环数比上尉多60环。"

有位士兵跑过去，数了数3个靶子上的弹洞，分别是240环、200环和180环。

如果3位军官每人都说了一句假话，那么他们各自打中多少环呢？

拓展系数：★★★☆☆

天堂里的游戏

有个人死后来到天堂，天使领着他在天堂各处参观。他们来到高墙下，天使说："嘘——轻点。"

说完，他悄悄从旁边搬来一个长梯子。天使先爬上去，然后招手让那个人也爬上去。他们站在梯子的顶端向里面张望着。原来，这是一块被墙围起来的草地，草地的正中坐着7个少年。"他们在干什么？"那个人问。

天使说："到了天堂，他们志同道合，天天聚在一起玩智力游戏。今天，他们大概在猜帽子吧？”6个少年A、B、C、D、E、F按六边形围坐着，另一个少年G则用毛巾蒙着眼睛坐在当中。有人往每人头上戴一顶帽子，其中4顶白帽子，3顶黑帽子。由于G挡住了视线，6个少年都看不见自己正对面的人戴的是什么颜色的帽子。

现在，让A、B、C、D、E、F猜自己头上戴的帽子的颜色。智力游戏一开始，6个少年陷入沉思，一时都猜不出来。这时，坐在当中的G说：“我猜到了，我戴的是白帽子。”

G是如何推理的？

拓展系数：★★★☆☆

左撇子和右撇子

一个班级里的学生有左撇子、右撇子，还有既不是左撇子也不是右撇子的学生。在这道题目里，我们把那些既不是左撇子也不是右撇子的学生看作既是左撇子又是右撇子的学生。

班上1/7的左撇子同时也是右撇子，而1/9的右撇子同时也是左撇子。

问班上是不是有一半以上的人都是右撇子？

拓展系数：★★★☆☆

淘汰赛

一般来说，对于稍大型的乒乓球比赛，都会使用淘汰制，也就是说，不论哪轮比赛，某选手只要输一场就被淘汰。以后不再参赛。某场实行“淘汰制”的比赛，选手共有158名，为了使许多选手不至于一开始就被淘汰掉，以照顾参赛机会均等，筹备组在编排竞赛场次时，总是把轮空放在第一轮，从而使这批轮空的选手在第二轮仍有机会参赛。因为27＜158＜28即128＜158＜256，所以，第一轮要淘汰掉158－128＝30人。也就是说，第一轮要把60位选手分为30组，进行30场比赛。这样。第一轮比赛轮空的人数是158－60＝98人。参加第二轮比赛的选手就有128人，不再轮空，进行 64 场比赛。这样推算下去。第三轮要赛 32 场：第四轮要赛 16 场；第五轮要赛 8 场；第六轮赛 4 场；第七轮赛 2 场；第八轮决赛，决定冠亚军。这样，一共要比赛的场次是：30＋64＋32＋16＋8＋4＋2＋1＝157。也就是说：要比赛 157 场，才能决出冠亚军。这个结论是偶然的么？

拓展系数：★★★☆☆

田径比赛

安东尼、伯纳德和查尔斯三人参加了三项田径比赛。对于比赛的情况，我们获得了如下的信息：

1. 每项比赛只取前三名，第一名、第二名、第三名分别得 3 分、2 分、1 分。

2. 并列为同一名次者，都得到与该名次相应的分数。

3. (a) 把每人在撑竿跳、跳远和跳高比赛中的得分加起来得到一个个人总分，结果这三人的个人总分都一样。

(b) 把这三人在某项比赛中的得分加起来得到一个团体分，结果三个项目的团体分都一样，而且团体分与上述的个人总分相等。

4. 在撑竿跳比赛中没有出现得分相同的情况。

5. 安东尼和查尔斯在跳远比赛中得分相同。

6. 安东尼和伯纳德在跳高比赛中得分相同。

7. 在这三项比赛中，伯纳德有一项没有得分，查尔斯也有一项没有得分。

请问：在撑竿跳比赛中，安东尼得了第几名？

拓展系数：★★★☆☆

一网打尽

国际反恐组织得到消息，制造了多起恐怖事件的“黑鹰”组织首领伯德和另外一些核心成员，一年前躲避到 A 国来了。现在他们频繁接触，似乎在酝酿新的恐怖计划。经过缜密的调查发现，该组织的成员碰面形式很奇怪：第一名恐怖分子隔一天去头目那里一次，协助他处理事情；第二名恐怖分子隔两天去一次；第三名恐怖分子隔三天去一次；第四名恐怖分子隔四天去一次……第七名恐怖分子要每隔七天才去一次。为了避免打草惊蛇，并且把恐怖分子们一网打尽，伯德决定等到 7 名恐怖分子都碰面的那天再行动。那么这 7 名恐怖分子什么时候才会一起碰面呢？

拓展系数：★★★☆☆

四片果树林

有四片果树林，分别种了苹果树、柠檬树、柑橘树和桃树。已知：

1. 果树林的果树都成行排列，每片果树林中各行果树的棵数相等。

2. 苹果树的行数最少，柠檬林比苹果林多一行，柑橘林比柠檬林多一行，桃树林又比柑橘林多一行。

3. 有三片果树林，每片里树林四周边界上的果树与其内部的果树棵数相等。

那么在这四片果树林中，哪一片边界上的果树与其内部的果树棵数不相等？

拓展系数：★★★☆☆

父亲和儿子的年龄

父亲和儿子的年龄个位和十位上的数字正好颠倒，而且他们之间相差 27 岁。请问父亲和儿子分别多大？

拓展系数：★★★☆☆

时针和分针相遇次数

加里时大钟既可以为13座城市报时，也可以体现季节的变迁，还可以显示太阳周围的行星运行的轨迹。这个大钟的出现，也引发了人们如下的疑问：从午夜到正午时分，大钟的时针和分针相遇（重合）了多少次？

拓展系数：★★★☆☆

谁说了真话

有5个犯罪嫌疑人，下面是他们的口供。

A说：5个人中有1人说谎。

B说：5个人中有2人说谎。

C说：5个人中有3人说谎。

D说：5个人中有4人说谎。

E说：5个人都在说谎。

根据这份供词，你能推导出谁说了真话吗？

拓展系数：★★★☆☆

硬币转起来

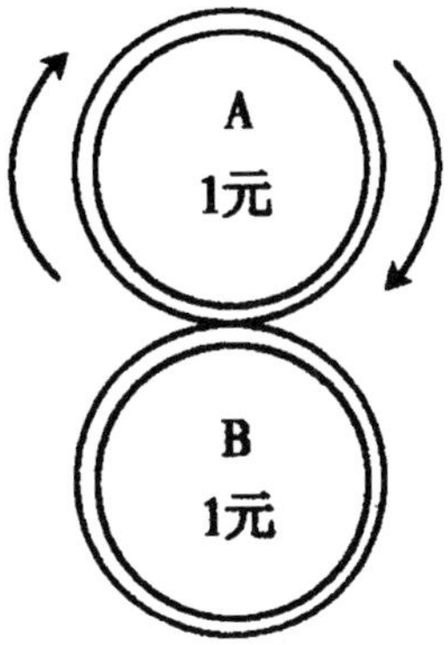

如图所示，两枚同面值的硬币紧挨在一起，硬币 B 固定不动，硬币 A 的边缘紧贴 B 并围绕着 B 旋转。当 A 围绕着 B 旋转一周回到原来的位置时，它围绕着自己的中心旋转了几个 360 度？

拓展系数：★★★☆☆

上升还是下降

在下面一组齿轮、杠杆和转轮的组合中，黑色的点是固定支点，白色的点是不固定支点。如果如图所示推一下不固定支点，终端的物体 A 和 B 会上升还是下降？

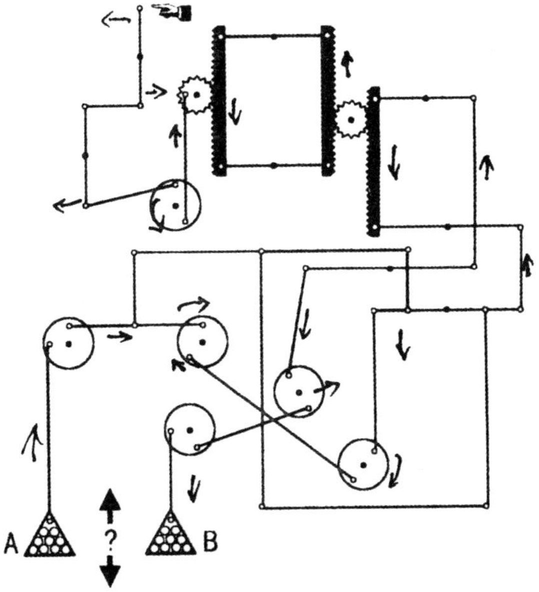

拓展系数：★★★☆☆

谁移最后一根

两个人轮流从一堆火柴中移走 1、2、3、4、5、6 或 7 根，直至移完为止，谁移去最后一根就算输了。

如果有 1000 根火柴，首先移动的人在第一次移去几根才能在整个游戏中保证获胜？

拓展系数：★★★★☆

错误的方向

4 个齿轮互相啮合着转动，图中标示出了每个齿轮转动的方向，但是其中有一组的方向是胡乱画上去的，使它们成了一组不能转动的齿轮。你能找出哪一组齿轮的方向画错了吗？

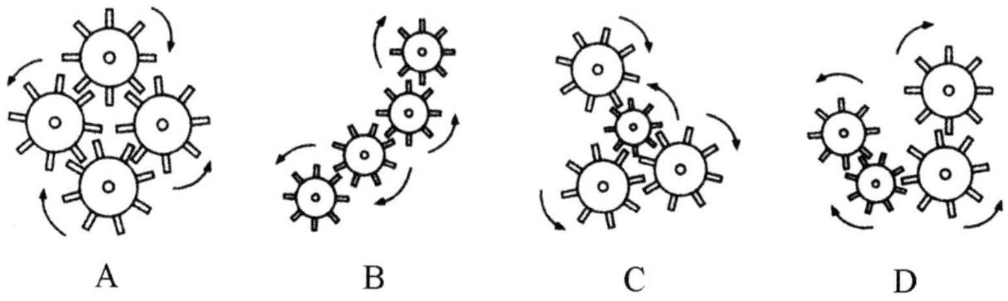

拓展系数：★★★☆☆

钻石的颜色

5 个魔球里分别装有红、绿、黄、黑、蓝 5 种颜色的钻石。博士让 A、B、C、D、E　5 个人猜魔球里钻石的颜色，猜中了就把里面的钻石奖给他。

A 说：第二个魔球中的是蓝色，第三个魔球中的是黑色。

B 说：第二个魔球中的是绿色，第四个魔球中的是红色。

C 说：第一个魔球中的是红色，第五个魔球中的是黄色。

D 说：第三个魔球中的是绿色，第四个魔球中的是黄色。

E 说：第二个魔球中的是黑色，第五个魔球中的是蓝色。

答案揭晓后，5 个人都猜对了一个，且每人猜对的颜色都不同。据此推测魔球里钻石的颜色。

拓展系数：★★★★☆

格拉斯哥趣题

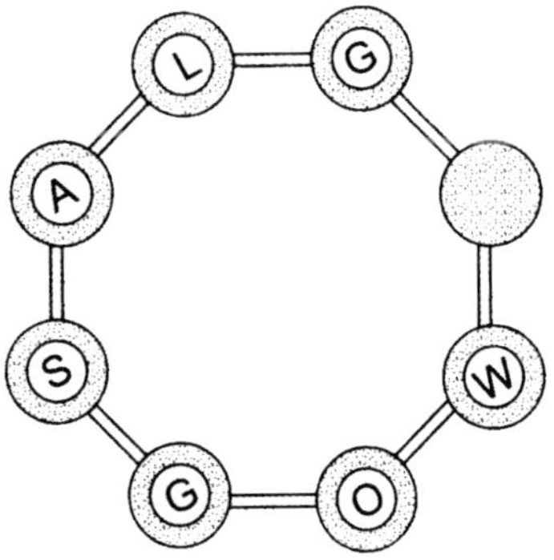

如图所示：有 8 个圆圈，其中 7 个圆圈上面依次标着字母 G、L、A、S、G、O、W，连起来读做“格拉斯哥”，这是苏格兰西南部一个城市的名字。

按照现在的排列，这个地名是按逆时针方向拼读的。

解题的要求是每次移动一个字母，使 GLASGOW 这个地名最后可以按照正确的方向（顺时针方向）拼读。

移动字母的规则如下。

1. 如果旁边有一个圆圈空着，可以走一步；

2. 可以跳过一个字母走到它旁边的空圆圈内去。这样，按照 LSOGAGWAGSOSWAGSO 的顺序移动字母，就可以达到目的。但一共要走 17 步。

你能少走几步来实现上述目标吗？这个词从哪个圆圈开始读都可以，只要是顺时针方向就行。

拓展系数：★★★★☆

数学讲师的难题

英国剑桥大学数学讲师卡洛尔曾出了下面这道题目来测验他的学生的逻辑推导能力。

（1）教室里标有日期的信都是用粉色纸写的。

（2）丽萨写的信都是以“亲爱的”开头的。

（3）除了约翰外没有人用黑墨水写信。

（4）皮特没有收藏他可以看到的信。

（5）只有一页信纸的信中，都标明了日期。

（6）未作标记的信都是用黑墨水写的。

（7）用粉色纸写的信都收藏起来了。

（8）一页以上的信纸的信中，没有一封是做标记的。

（9）约翰没有写一封以“亲爱的”开头的信。

根据以上信息，判断皮特是否可以看到丽萨写的信。

拓展系数：★★★★☆

爱因斯坦的谜题

这是爱因斯坦在20世纪初出的谜题，据说当时世界上有98%的人答不出来。

1. 在一条街上，有5座房子，喷了5种颜色。

2. 每座房子里住着不同国籍的人。

3. 每个人喝不同的饮料，抽不同品牌的香烟，养不同的宠物。

提示：

1. 英国人住红色房子。

2. 瑞典人养狗。

3. 丹麦人喝茶。

4. 绿色房子在白色房子左面隔壁。

5. 绿色房子主人喝咖啡。

6. 抽 PallMall 香烟的人养鸟。

7. 黄色房子主人抽 Dunhill 香烟。

8. 住在中间房子的人喝牛奶。

9. 挪威人住第一间房。

10. 抽 Blends 香烟的人住在养猫的人隔壁。

11. 养马的人住抽 DunhilI 香烟的人隔壁。

12. 抽 BlueMaster 的人喝啤酒。

13. 德国人抽 Prince 香烟。

14. 挪威人住蓝色房子隔壁。

15. 抽 Blends 香烟的人有一个喝水的邻居。

谁养鱼呢?

拓展系数：★★★★☆

答案及提示

天堂里的游戏

你可以假设自己是围坐着的6个少年中的一个。你能看见5个人头上戴的帽子，如果你看到这5个人中，有4个人戴白帽，只有一个人戴的是黑帽，就会猜到自己和对面的人都戴的是黑帽。如果你看到只有两个人戴白帽，就会猜到自己和对面的人都戴的是白帽。可是当一白一黑的两顶帽子分别戴在你和对面人头上时，你就无法判断自己戴的是什么颜色的帽子了。

其他围坐的少年也都是这样想的。那么，中间的少年按这个逻辑推理，会得到什么样的结论呢？

由于围坐的少年都在沉思，坐在中间的少年可以推测：3组对面而坐的少年，一定是3个人头上戴白帽，3个人头上戴黑帽。这样，自己头上戴的当然是白帽子。

左撇子和右撇子

N既是左撇子同时也是右撇子的学生数。

7N的人是左撇子，9N的人是右撇子。

那么N＋6N＋8N＝15N，即全班的学生数。

而右撇子在学生总数中所占的比例是9N/15N，即3/5，超过班上一半的人数。

淘汰赛

这里比赛的场次正好比选手的人数少1！这个结论不是偶然的。事实上，因为每进行一场比赛就要淘汰1人，在158人参加的比赛中，要产生一个冠军就得淘汰158－1人，即需比赛158－1＝157场。

田径比赛

第三名。

一网打尽

先从第一个恐怖分子开始去的那个晚上计算。如果7个恐怖分子头目能同时碰面，他们之间间隔的天数一定能够被2、3、4、5、6、7整除，现在我们可以很容易地得出这个数字是420。

四片果树林

答案略。

父亲和儿子的年龄

可能的情况有以下几种：

父亲 96 岁，儿子 69 岁；

父亲 85 岁，儿子 58 岁；

父亲 74 岁，儿子 47 岁；

父亲 63 岁，儿子 36 岁；

父亲 52 岁，儿子 25 岁；

父亲 41 岁，儿子 14 岁。

从图中看，应该是最后一种情况。

时针和分针相遇的次数

它们会相遇 11 次。时针和分针在每个小时里相遇的时间会比前一个小时晚大约 5 分钟。从午夜开始计算，两个指针会在以下时间相遇：1∶05；2∶10；3∶16；4∶21；5∶27；6∶32；7∶38；8∶43；9∶49；10∶54；12∶00。

谁说了真话

只有 D 说真话了，其他人都在说谎。假定 A 说了真话，其他 4 个人之中的 5 人必须和 A 说相同的话，如此分析 B、C，说真话的只能是 D。如果假设 E 说真话则陷入自相矛盾之中。

硬币转起来

由于两枚硬币的周长是一样的，因此，你可能认为硬币 A 在紧贴硬币 B“公转”一周的整个过程中，仅围绕自己的中心“自转”了一周，即一个 360 度。但当你实际操作一遍后，就会惊奇地发现，硬币 A 实际上“自转”了两周，即两个 360 度，见下图。

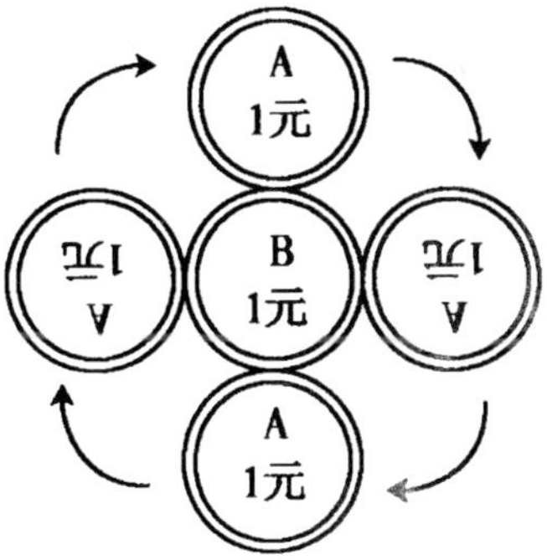

上升还是下降

A 会上升，B 会下降。见图。

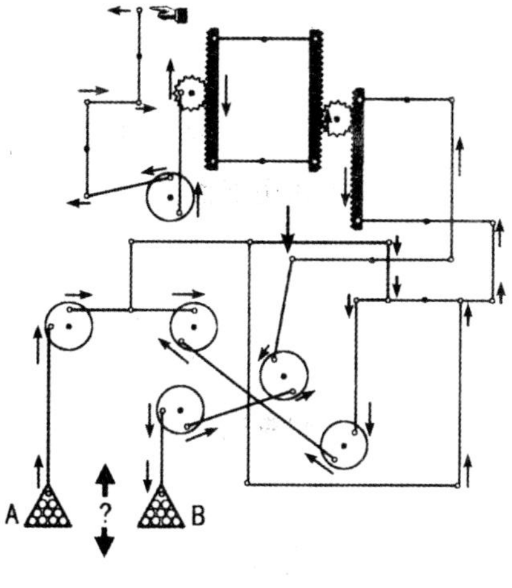

谁移最后一根

因为 1000 是 8 的倍数，又 1＋7＝2＋6＝3＋5＝4＋4＝8，所以第一

人在第一次移去 7 根就能获胜。这是因为第一次移去 7 根后，所余的 993 根等于 8×124+1，所以每次移去时，若是第二人移去 a 根，则第一人随之移去（8－a）根。这样，轮到 124 次时恰余 1 根，第二人只好移去这最后一根。

错误的方向

C 组。

钻石的颜色

第一个魔球中的钻石是红色的，第二个魔球中的钻石是绿色的，第三个魔球中的钻石是黑色的，第四个魔球中的钻石是黄色的，第五个魔球中的钻石是蓝色的。

格拉斯哥趣题

只需要走 8 步。两个 G 哪个做字头都可以。如用下面的 G 做字头，按下列顺序移动字母就可以达到目的：GASLSAGO。

数学讲师的难题

不能。由（1）知：标有日期的信——用粉色纸写的；（2）知：丽萨写的信——“亲爱的”开头；（3）知：不是约翰写的信——不用黑墨水；（4）知：收藏的信——不能看到；（5）知：只有一页信纸的信——标明了日期；（6）知：不是用黑墨水写的信——做标记；（7）知：用粉色纸写的信——收藏；（8）知：做标记的信——只有一页信纸；（9）知：约翰的信——不以“亲爱的”开头。

综上所知：丽萨写的信——不是约翰写的信——不是用黑墨水——做了标记——只有一页信纸——标明了日期——用粉色写的——收藏起来——皮特不能看到。所以，皮特不能看到丽萨写的信。

爱因斯坦的谜题

挪威人住黄屋子，抽 Dunhill，喝水，养猫；

丹麦人住蓝屋子，抽 Blends，喝茶，养马；

英国人住红屋子，抽 PallMall，喝牛奶，养鸟；

德国人住绿屋子，抽 Prince，喝咖啡，养鱼；

瑞典人住白屋子，抽 BlueMaster，喝啤酒，养狗。

所以答案是：德国人养鱼。